ECONOMIA PARA A TRANSFORMAÇÃO SOCIAL

pequeno manual para mudar o mundo

COLEÇÃO argumento

ECONOMIA PARA A TRANSFORMAÇÃO SOCIAL

pequeno manual para mudar o mundo

JULIANE FURNO
PEDRO ROSSI

Ilustrado pela A GAZETINHA DA GUANABARA

2023

AUTONOMIA LITERÁRIA

FUNDAÇÃO Perseu Abramo
Partido dos Trabalhadores

Diretor de formação
Jorge Bittar

Coordenador de formação
Julian Rodrigues

Coordenador editorial
Rogério Chaves

Assistente editorial
Raquel Costa

Projeto gráfico da Coleção Argumento
Caco Bisol Produções Gráficas

Editoração eletrônica
Antonio Kehl

Ilustrações
Gazetinha da Guanabara

Furno, Juliane
F985 Economia para a transformação social / Juliane Furno e Pedro Rossi – São Paulo : Fundação Perseu Abramo ; Autonomia Literária, 2023.

232 p. (Coleção Argumento)
ISBN 978-65-5626-059-4 (Fundação Perseu Abramo)
ISBN 978-65-87233-94-9 (Autonomia Literária)

1. Teoria econômica 2. Economia brasileira 3. Neoliberalismo I. Título II. Furno, Juliane III. Rossi, Pedro

---

Fundação Perseu Abramo
Rua Francisco Cruz, 234 – Vila Mariana
04117-091 São Paulo – SP
Fone: (11) 5571 4299
www.fpabramo.org.br

SUMÁRIO

PARTE 3: SUBDESENVOLVIMENTO, NEOLIBERALISMO E TRANSFORMAÇÃO SOCIAL NO BRASIL

PARTE 4: MITOS ECONÔMICOS E O DEBATE BRASILEIRO

PREFÁCIO

Desde que renovamos o Conselho Editorial da Fundação Perseu Abramo (FPA), em meados de 2020, um dos anseios mais destacados por ele foi a necessidade de uma coleção voltada para a formação teórica. Seria uma forma da nossa Editora colaborar com o esforço coletivo de conhecer, compreender e construir argumentos para transformar o mundo em que vivemos.

Esse projeto foi inaugurado pelo livro *Fascismo Ontem e Hoje*[1], lançado em 2021, resultado do curso de mesmo nome e organizado por Julian Rodrigues e Fernando Sarti Ferreira.

Graças aos cursos de formação desenvolvidos pela FPA, passamos a ter uma ampla grade temática tratando, em termos formativos, questões relevantes da realidade. A busca de sólidas introduções, cotejos pluralistas e incentivos à discussão coletiva fazem parte de um método sempre aberto, participativo e continuado.

Temos agora a satisfação de apresentar aos leitores e leitoras da Editora da FPA, o segundo livro que compõe a Coleção Argumento, organizado pelos professores Pedro Rossi e Juliane Furno e intitulado *Economia para transformação social: pequeno manual para mudar o mundo.*

---

1 A publicação está disponível para download no Portal da FPA, no endereço: https://fpabramo.org.br/publicacoes/estante/fascismo-ontem-e-hoje/..

A proposta deste volume é trazer ao grande público um panorama amplo da história a partir da economia, das relações políticas e sociais. Impossível avançar na luta pela democracia, pela reconstrução e transformação do Brasil sem se apropriar criticamente de conhecimentos essenciais da economia.

O objetivo da publicação é alcançar o maior número possível de leitores e leitoras com interesse num tema que pode parecer árido para muitas pessoas. Assim, a linguagem adotada é muito acessível e está acompanhada de ilustrações que podemos considerar boas sínteses dos conceitos apresentados. E para quem se sentir instigado a continuar os estudos, no final de cada capítulo poderá aproveitar as sugestões de leituras para aprofundamento da seção "Para Saber Mais".

Como havíamos previsto no início desta iniciativa editorial, novas parcerias se estabeleceram para viabilizar, divulgar e ampliar o alcance dos cursos da FPA. No livro anterior, foi a Editora Maria Antonia, já neste aqui é a Editora Autonomia Literária. Aproveitamos para agradecer a elas pelo trabalho realizado em parceria com a FPA.

Lançamos o desafio em 2021 e o renovamos aqui: se esta coleção contribuir com a ampliação de conhecimentos e argumentos tão decisivos à boa luta da militância, onde quer que ela se encontre, certamente cumprirá seus objetivos.

Agradecemos a todos os companheiros e companheiras que se envolveram no projeto, desde o curso até seus resultados reunidos nesta publicação.

Boa leitura!

Carlos Henrique Árabe, diretor da Editora
Jorge Bittar, diretor de Formação
Fundação Perseu Abramo

APRESENTAÇÃO

A economia é a ciência que estuda como a sociedade se organiza para produzir, distribuir e consumir bens e serviços. Em uma sociedade desigual como a nossa, a linguagem econômica dominante serve para legitimar nosso modo de organização, naturalizar desigualdades e privilégios, promover o individualismo, esvaziar as responsabilidades coletivas e minimizar o papel do governo. Assim, um economista conservador contribui para nos conformar com o mundo do jeito que é, sem questionamentos, suas recomendações justificam reformas que favorecem os mais ricos e enfraquecem os atores políticos capazes de transformar a sociedade.

Essa leitura dominante da economia contrasta com diversas abordagens críticas que mostram, por exemplo, que a forma capitalista de organização social não é natural mas historicamente construída, questiona a capacidade dos mercados de distribuir os recursos produzidos socialmente ou, ainda, que destaca hierarquias e formas de dominação entre classes sociais e entre os países do sistema internacional.

Estudar economia também é um processo de autoconhecimento, pois somos testemunhas da história e somos condicionados por uma determinada forma de organização social. Portanto, nosso lugar nessa organização, o papel que exercemos e a parte que nos cabe podem ser melhor compreendidos com a economia.

Neste contexto, este livro busca dar sua modesta contribuição para transformar a realidade ao sistematizar e hierarquizar o conhecimento econômico básico para que este sirva de instrumento para compreensão crítica da economia brasileira e internacional. Trata-se de um livro acessível para não economistas que, apesar de introdutório em vários aspectos, também indica caminhos para aprofundamento nos diferentes temas tratados por meio da indicação de livros, filmes e outros conteúdos.

A produção deste livro deu-se a partir do curso de ensino a distância *Economia para transformação social*, promovido pela Fundação Perseu Abramo (FPA) em 2021, em plena pandemia, e que reuniu milhares de pessoas. Dado o sucesso do curso e a demanda por materiais didáticos com uma visão crítica em economia, este livro adapta o espírito do curso para a linguagem escrita, com auxílio artístico das ilustrações da Gazetinha da Guanabara, e aproveita sua estrutura dividida em quatro partes e 16 capítulos.

A primeira parte do livro contém elementos teóricos e conceituais sobre Economia Política, ferramentas analíticas úteis para a interpretação da realidade econômica. Já a segunda parte do livro analisa as transformações do capitalismo internacional em um sobrevoo panorâmico que vai do século XIX aos dias atuais. O Brasil é tema da terceira parte que enfatiza a evolução recente da economia brasileira e termina com a proposição de um modelo econômico socialmente justo e ambientalmente sustentável. Por fim, a última parte busca desmontar mitos econômicos de forma a servir como insumo para a disputa de narrativas que acontece no debate público.

PARTE 1

TÓPICOS TEÓRICOS E CONCEITUAIS

DINHEIRO E ORGANIZAÇÃO SOCIAL

O dinheiro é parte estruturante da nossa organização social. É um bem público que faz circular as mercadorias e também objeto de apropriação privada. Trata-se de uma referência para organizar a produção e a distribuição da riqueza na nossa sociedade. Entender o papel do dinheiro na organização social é um primeiro passo para entender o próprio capitalismo e, por isso, o primeiro capítulo do nosso livro fala de dinheiro, da sua origem, do papel do sistema bancário e na forma como a sociedade se organiza.

ORIGEM DO DINHEIRO

A visão convencional sobre o dinheiro atribui a esse um caráter natural, resultado da natureza humana e não de sistemas econômicos e políticos específicos e construídos historicamente. Na sua origem, o dinheiro decorre da propensão natural do ser humano à troca e surge como um mero facilitador de transações comerciais. Em uma economia que funcionava com base no escambo, ou seja, por meio da troca direta de mercadorias por mercadorias, o dinheiro surge para facilitar transações complexas. Isso porque a troca direta exige uma coincidência de desejos, por exemplo, alguém que produz arroz e quer trigo deve buscar alguém que produz trigo, mas quer arroz.

Além disso, o escambo enfrenta o problema da indivisibilidade de determinados bens. Por exemplo, se uma pessoa tem uma vaca e quer trocar por um punhado de trigo e de outros bens, ela tem um problema decorrente da impossibilidade de cortar um pedaço da vaca para trocar pelo trigo e ainda mantê-la viva. Definitivamente, é mais fácil trocar a vaca por dinheiro e depois usar esse dinheiro para comprar outros bens.

Notem que dinheiro, nessa visão, surge após o mercado e decorre da natureza do ser humano que tem propensão à troca. Essa narrativa está presente na maioria dos manuais de economia, fundamentada em Adam Smith (1723-1790) – popularmente chamado de pai da economia política. No entanto, essa narrativa é contestada, especialmente por não economistas.

Alguns antropólogos, como David Graber, questionam essa interpretação e apontam que os economistas descrevem a origem do dinheiro de forma dedutiva. Ou seja, supondo que o ser humano tem uma propensão natural à troca e que uma economia de escambo tem lá seus desafios, então surge o dinheiro para facilitar as trocas. No entanto, segundo esses, nunca existiu uma comunidade que se organizasse com base no escambo. O escambo acontecia entre pessoas desconhecidas, até entre inimigos, mas não entre pessoas da mesma comunidade de forma sistemática. A ideia de que o dinheiro surge do escambo é, portanto, um mito.

A origem do dinheiro está no dinheiro enquanto uma obrigação social, um compromisso ou uma dívida. Essa origem remete à ideia de que uma organização social impõe obrigações para os seus membros e para pessoas de territórios dominados.

Por exemplo, quando uma pessoa comete um crime, ela deve pagar à comunidade um determinado valor como punição. Inicialmente, esse valor se expressa em mercadorias como grãos ou animais, mas surge a necessidade de padronizar o valor do pagamento dessas infrações. Dessa forma, uma autoridade social institui o dinheiro, ou seja, uma unidade comum que será referência para todas as mercadorias do sistema.

Os impostos têm a capacidade de instituir o dinheiro em sociedades que antes não usavam e instituir mercados onde antes não havia. Pensemos, por exemplo, em um exército que marcha e conquista territórios. Esse exército tem duas formas de se abastecer com suprimentos. A primeira é simplesmente pilhar, saquear e obrigar os habitantes locais a entregar uma parte da sua produção. Já a segunda, é instituir uma obrigação aos que vivem nos territórios conquistados.

Trata-se da obrigação em pagar impostos na moeda do exército dominador. Inicialmente, os habitantes podem não ter dinheiro algum e viver de subsistência, e são obrigados a produzir um excedente para trocar por dinheiro, nas mãos dos soldados, por exemplo, para assim pagar o imposto devido.

DINHEIRO COMO RESULTADO DA ORGANIZAÇÃO POLÍTICA

Das primeiras versões do dinheiro da Mesopotâmia às versões mais contemporâneas, o dinheiro está relacionado a uma autoridade. É o dinheiro como criatura do Estado que se torna um referencial, ou uma unidade de conta, um meio de pagamento e uma reserva de valor que permite transportar poder de compra para o futuro.

Notem que, nessa descrição, a instituição do dinheiro cria o mercado e não o contrário. E, além de criar o mercado, o dinheiro muda a forma de organização das comunidades que passam a produzir uma parte para a troca e não apenas para subsistência. Portanto, não é a naturalidade e a espontaneidade das trocas e do mercado que cria o dinheiro, mas é a política que instituiu o dinheiro enquanto obrigação social e, ao fazer isso, modifica formas de organização sociais não mercantis.

Portanto, nessa leitura, o mercado, tampouco o dinheiro, vem da propensão natural à troca, mas constituem um resultado de uma opção política de organização social.

O PAPEL DOS BANCOS NA CRIAÇÃO DAS MOEDAS

Em nossa sociedade, o dinheiro do Estado responde por uma parte pequena dos pagamentos, pois o chamado dinheiro bancário tem se tornado cada vez mais predominante. Entender como o dinheiro pode ser criado de forma privada e o papel dos bancos nesse processo, é fundamental para entender a natureza do dinheiro e a importância do sistema bancário na organização social.

Para compreender melhor o papel dos bancos, podemos remeter às origens dessas instituições nas cidades chinesas, na Veneza antiga, Florença, onde surgem os primeiros bancos modernos. Lá, havia instituições que guardavam a riqueza das pessoas em cofres. Os clientes iam aos cofres quando precisavam de dinheiro para fazer transações, até que esses clientes se deram conta de que as viagens para pegar dinheiro poderiam ser evitadas. Se duas pessoas tinham cofres no mesmo banco, era um desperdício de tempo ir àquele lugar, pegar dinheiro no cofre e pagar alguém que iria voltar ao mesmo lugar para guardar o dinheiro no cofre ao lado, fora o problema de segurança. A alternativa foi criar um mecanismo para que o dono do banco pudesse, simplesmente, transfe-

rir de um cofre para o outro o dinheiro de uma pessoa para outra. E assim, o banco institui um cheque ou um dinheiro bancário, basicamente um papel com o carimbo do banco.

Esses papéis passaram a circular, substituindo o dinheiro até que o banqueiro se dá conta de que as pessoas raramente vão ao banco para

tirar o dinheiro. Assim, ele passa a fazer duas coisas. A primeira é fazer empréstimos com o dinheiro dos outros, sendo remunerado com juros. E a segunda, é simplesmente criar dinheiro. Ou seja, o banqueiro passa a emitir, para uso próprio ou para clientes, aqueles papéis que todos aceitam.

A história do sistema bancário, portanto, está assentada em uma fraude originária em que o banqueiro fica rico emitindo dinheiro. Além disso, é também uma história de quebradeiras. Às vezes, sem que o banqueiro esperasse, mais iam trocar o dinheiro do banco pelo dinheiro de verdade e descobriam que há mais papéis emitidos pelo banco circulando na economia do que dinheiro guardado no banco.

Essa é a história do sistema bancário, uma história de quebradeiras até que os Estados Nacionais assumem a organização do sistema por sua importância para a economia e o financiamento do próprio Estado. Ou seja, Bancos Centrais passam a institucionalizar essa fraude originária

com base no que chamamos hoje de sistema de reservas fracionárias, o que permite aos bancos dar mais empréstimos do que esses têm em caixa determinando a parcela de dinheiro do Estado que os bancos devem manter para uma quantidade maior de depósitos dos clientes.

Se todos fôssemos ao banco ao mesmo tempo, não haveria dinheiro para todo mundo e o banco fecharia as portas. Mesmo sabendo disso, temos confiança que os nossos depósitos lá estão garantidos. E, de fato, o Banco Central dá segurança ao sistema e garante os depósitos do sistema bancário.

Porém, em caso de quebra de confiança no sistema bancário, tem-se uma crise de grandes proporções como a crise de 1929, nos EUA, ou a crise de 2001, na Argentina. Essas foram crises de corrida bancária em que se formavam filas nas portas dos bancos e estes fechavam suas portas, pois

não havia dinheiro para todos. Nesse contexto, vemos uma das piores crises que o capitalismo pode ter, porque colapsa todo o sistema de pagamentos.

Vivemos em uma economia monetária que depende dos bancos. Quando o banco fecha as portas, as pessoas perdem renda e riqueza, não gastam e não vendem. O dono do mercado não consegue acessar o banco para pagar os funcionários e comprar mercadorias, o desemprego se torna crônico e a economia regride. As pessoas saem às ruas para trocar o que têm pela sobrevivência, como ocorreu na crise argentina.

Esses episódios de crise aguda mostram a importância da moeda bancária e dos bancos, assim como a importância do Banco Central que deve garantir um sistema que funcione adequadamente. O Banco Central é o vigilante desse sistema de reservas fracionárias e busca incentivar ou desincentivar o sistema bancário para dar mais ou menos crédito o que, por sua vez, afeta os ciclos econômicos, os ciclos de consumo, as bolhas de ativos e pode, ainda, provocar crises de grandes proporções.

DINHEIRO E ORGANIZAÇÃO SOCIAL

Entender o papel do dinheiro na organização social é compreender o próprio capitalismo. Uma das características desse sistema é a predominância da mercadoria enquanto forma específica do produto do trabalho. Toda a sociedade produz, toda a sociedade tem trabalho, mas nem toda sociedade produz mercadorias, ou seja, produtos dos trabalhos destinados à troca por dinheiro.

Há sociedades que se organizam por critérios culturais, jurídicos ou políticos. Uma sociedade feudal, por exemplo, determina a distribuição da produção por meio de normas sociais, os camponeses produzem e são obrigados a dar uma parte da sua produção ao senhor feudal em troca de uma suposta segurança. Podem haver mercados, mas a forma predominante de produção não é voltada para eles. Quando os mercados passam a ganhar protagonismo na Europa feudal, a organização econômica do feudalismo passa a desmoronar e surge o capitalismo.

Da mesma forma, em uma comunidade indígena há determinadas normas para organizar quem caça, quem cuida, quem planta, mas essa divisão do trabalho e a forma de distribuição dos produtos do trabalho não passam pelo mercado. Quando se produz pouco se divide o que tem, quando se produz muito faz-se uma festa, mas não é o mercado quem determina como produzir e o que fazer com a produção.

Já no capitalismo, o mercado é organizador do trabalho e da distribuição do produto social. O preço das mercadorias revela o que é mais necessário, quais são os setores que precisam de mais produção e de mais trabalhadores. Se o preço de uma mercadoria sobe muito, mais produtores podem se interessar em produzi-la, se ficarem muito baixos, muitos vão deixar de produzi-la e assim os preços são sinalizadores de onde precisa mais produção ou menos.

Da mesma forma é o mercado que determinará a distribuição desses produtos. No capitalismo, se produz coletivamente, mas a apropriação da produção se dá pelas relações de propriedade; dinheiro e

capital são organizadores da sociedade. Esses apontam para onde segue o trabalho social e para onde será distribuído o excedente da sociedade.

Uma forma interessante de pensar o dinheiro e o seu papel na organização econômica é refletir sobre uma pessoa que vivia isolada numa comunidade indígena e chega em um mercado central de um grande centro urbano, daqueles com um monte de mercadorias empilhadas em bancas e prateleiras, laranja, maçã, frutas, verduras, peixes, carnes etc.

A primeira reação é ficar impressionada com a capacidade dessa sociedade de produzir e acumular coisas. Devem trabalhar muito e certamente são muito eficientes. Mas essa admiração é interrompida quando se vê uma criança pegando comida e frutas podres do chão. Aquilo não faz sentido em meio a tanta abundância.

Imediatamente essa pessoa se pergunta: "Por que essa criança está pegando no chão e não está pegando o que está exposto nas bancas e prateleiras?". E a resposta a essa pergunta é uma só: "porque essa criança não tem dinheiro". O dinheiro é aquilo que organizará a sociedade e a distribuição do produto social, é aquilo que dá e restringe acesso ao mundo das mercadorias.

Na cabeça desse indígena, vindo de uma comunidade que distribui o seu produto com outra lógica, aquilo não faz nenhum sentido. Trata-se de outra forma de organização social. Não há desemprego em uma comunidade indígena, por exemplo. Se uma organização social não usa o dinheiro não há desemprego, as pessoas vão trabalhar conforme a sociedade definir. Essa sociedade pode ter problemas, pode ter escassez, mas a distribuição e a regulação dessa escassez serão feitas em comunidade e não pelo mercado.

Já no capitalismo, delegamos ao mercado a organização da maior parte do sistema econômico, mesmo que essa organização gere problemas como o desemprego, a desigualdade, a miséria e a escassez em meio à abundância. E o dinheiro é parte estruturante dessa organização social.

FLUXO CIRCULAR DA RENDA

Nos manuais de economia geralmente se ilustra o papel do dinheiro na sociedade com base no fluxo circular da renda – um fluxograma que mostra de um lado famílias e do outro lado empresas. As famílias fornecem às empresas fatores de produção, capital e trabalho, e as empresas fornecem às famílias bens e serviços. Os fluxos de bens e serviços são compensados com os fluxos monetários. Ou seja, por fornecer capital e trabalho para as empresas, as famílias têm de volta um fluxo monetário – os salários, os lucros, os juros e outros rendimentos. Por sua vez, as famílias usam esse dinheiro para acessar bens e serviços produzidos pelas empresas.

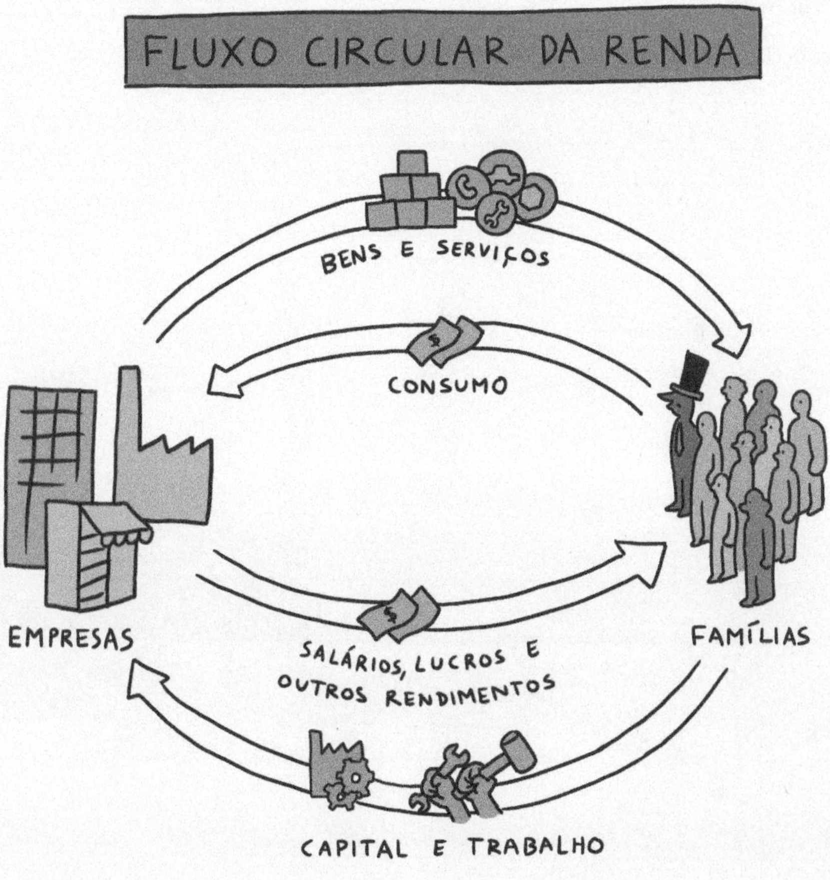

Nesse esquema simplificado, o dinheiro é um mero intermediário, facilitador das trocas entre famílias e empresas. É como se pudéssemos tirar o dinheiro e voltar à velha economia de escambo.

Com base nesse esquema, muitos economistas supõem a neutralidade do dinheiro como se esse fosse um mero lubrificante, ou facilitador, das engrenagens de um sistema que tende ao equilíbrio onde todos têm emprego e são usados todos os recursos disponíveis.

Já uma outra visão de economia mostra que esse sistema, justamente devido à natureza do dinheiro e suas características, é um sistema inerentemente instável, no qual esses fluxos não funcionam perfeitamente, e que o dinheiro tem a função pública de fazer circular as mercadorias, mas está sujeito à apropriação privada, o que implica crises e desemprego. Essas visões estão nas vertentes marxistas e keynesianas da economia, tema do próximo capítulo.

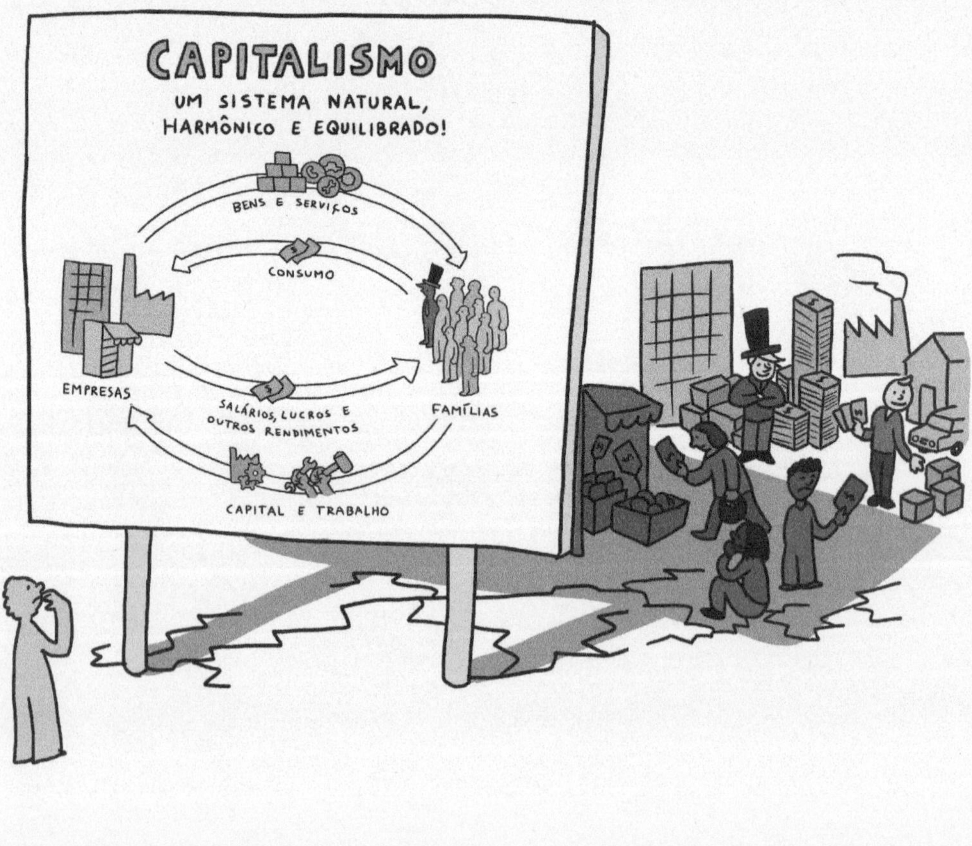

PARA SABER MAIS

- O livro *Dívida: os primeiros 5000 anos* (Editora 70, 2022), de David Graeber, traz inúmeros exemplos históricos do uso primitivo do dinheiro e desmonta a ideia difundida nos manuais de economia de que o escambo de mercadorias está na origem do dinheiro.
- O livro *A nova contabilidade social: uma introdução à macroeconomia* (Editora Saraiva, 2020), de Leda Paulani e outros autores, tem um capítulo sobre moeda e ainda traz, no primeiro capítulo, uma seção sobre o fluxo circular da renda.
- Para uma leitura teórica com uma interpretação marxista sobre o dinheiro e seu impacto na organização social capitalista, ver *A moeda em Marx* (Editora Paz e Terra, 1978), de Suzanne de Brunhoff.

MARX E KEYNES NO PENSAMENTO ECONÔMICO

Karl Marx (1818-1883) e John Maynard Keynes (1883-1946) são dois autores fundamentais para a compreensão do modo de produção capitalista, suas crises e sua dinâmica. Keynes critica a teoria neoclássica, cria o campo da macroeconomia e redefine o papel do Estado e da política econômica. Marx dialoga com os autores da Economia Política Clássica e elabora o que ficou conhecido como "crítica da economia política", fundando uma perspectiva política, metodológica e filosófica que entende o capitalismo como um sistema com instabilidades econômicas constitutivas, fundado na exploração do trabalho.

Em que pese as substanciais diferenças de diagnóstico e proposições políticas, ambos os autores lograram contribuições importantes sobre o funcionamento das economias capitalistas, do capital financeiro e da tendência à crise. Neste capítulo, vamos apresentar alguns conceitos e teorias dos autores que nos ajudam a compreender a sociedade atual e a pensar uma economia para transformação social.

MARX E A ORGANIZAÇÃO ECONÔMICA CAPITALISTA

Marx não era bem aquilo que podemos chamar de "economista", da forma como entendemos hoje. Embora aqui estejamos concedendo centralidade à sua análise econômica, Marx era um autor que olhava a totalidade da organização social. Vladimir Lenin (1870-1924) argumentou que o pensamento de Marx foi formado por três fontes: o socialismo utópico francês, que concedeu as bases para que ele elaborasse sobre a concepção de "socialismo científico"; a filosofia alemã, que o permitiu ter como ponto de apoio permanente uma visão dialética e materialista do desenvolvimento histórico; e, por fim, a economia política inglesa, que o desafiou a elaborar a crítica da economia política.

Karl Marx critica os autores da economia política clássica especialmente pelo caráter a-histórico da sua teoria e pela naturalização do nascente capitalismo. Autores como Adam Smith, pioneiro desse grupo, advogavam que o capitalismo era o sistema mais "natural" que existia. Somente no capitalismo a economia e os indivíduos tinham seus mecanismos "naturais" de funcionamento libertados, qual seja: a propensão natural às trocas em um ambiente de livre mercado. Portanto, o capitalismo permitiria a libertação da forma natural de funcionamento dos instintos humanos, e – nessa concepção – fica fácil perceber que qualquer pessoa que seja anticapitalista fica associada ao antiprogresso ou mesmo contrária ao "normal" do avanço civilizatório.

Marx até brincava com essa ideia e apontava que a superação do capitalismo era, essa sim, a superação da "pré-história" e a entrada na modernidade, e assim fazia alusão de que o movimento histórico é muito mais complexo do que essa simplificação. Para ele, o discurso que naturaliza o capitalismo serve a objetivos políticos de legitimação desse sistema.

Ainda sobre a propensão natural às trocas, Smith vai dizer que o livre mercado revela o caminho para o progresso não porque os indivíduos sejam solidários, mas pelo motivo contrário. O "instinto" às trocas ocorre por egoísmo, e essa busca de cada indivíduo por aumentar seus ganhos individuais, paradoxalmente, é o que permite o melhor funcionamento da sociedade e sua harmonia. Vejamos um exemplo: o padeiro que oferta pão quentinho todos os dias para as pessoas na padaria, não

o faz porque é benevolente, ou quer alimentar a população, mas por egoísmo. Ele sabe que vender bons pães é o caminho para lucrar mais. Assim, seu desejo individual ajuda a comunidade.

Segundo Adam Smith, esse sistema de livre troca é garantido pela operação de uma "mão invisível" do mercado que ajuda a equalizar as condições de demanda com as de oferta por meio dos sinais que o mercado aciona via mecanismos de preços. Por exemplo, caso muitas pessoas queiram pães, o preço do pão vai subir em relação às outras mercadorias. Esses sinais de preços mais elevados na produção de pães serão absorvidos por outros agentes que, na busca de lucro, vão montar padarias. Assim, com mais oferta de pães o preço volta a cair. Ou seja, todo mundo sai ganhando!

Segundo Marx, Adam Smith e a Economia Política Clássica estavam preocupados em explicar as trocas, o livre mercado e o funcionamento da mão invisível, mas não foram capazes de explicar o que, de fato, determina e particulariza o modo de produção, assim como a origem do lucro. Por isso, ele relegou atenção especial à esfera da "circulação" das mercadorias. Segundo ele, nesse local reinava a "troca de equivalentes", cada um ia ao mercado levando o que tinha para comprar e para vender. Ali todos tinham propriedade, igualdade e liberdade. Propriedade sobre as suas mercadorias (mesmo que alguns tenham capital e outros apenas a propriedade da força de trabalho), igualdade para comprar e vender (todos os indivíduos são juridicamente iguais) e liberdade (não existia mais a servidão voluntária do feudalismo ou a escravidão).

Karl Marx diz, no entanto, que a caracterização do sistema capitalista não pode ser feita analisando, tão somente, como as mercadorias circulam, mas sim como são produzidas. Ele diz que é preciso conhecer como é "da porta da fábrica para dentro". Lá o cenário muda e seus atores também. Já não há troca de equivalentes. Nem todos têm propriedade, mas apenas os donos dos meios de produção. Não há igualdade, porque existe a figura de quem manda (o patrão que detém o capital) e de quem obedece (o trabalhador) e não há liberdade porque os trabalhadores até podem escolher para quem trabalhar, mas não podem escolher não trabalhar.

Outra questão fundamental respondida por Marx é de onde vem o lucro? Diferentemente do capital mercantil/comercial no qual o lucro vem simplesmente da diferença entre preço de compra e preço de venda, no capital produtivo a geração de lucro mora na apropriação de trabalho não pago.

Vamos pensar em uma fábrica de sapatos. O dono da fábrica, que já tem os meios de produção, contrata insumos, matérias-primas e trabalhadores para, ao final do processo produtivo, ter uma mercadoria acabada. Desse modo, ele tem máquinas, couro, energia, borracha e força de trabalho para ter sapatos. Embora couro, energia, borracha e força de trabalho sejam mercadorias, há apenas uma dessas mercadorias que tem uma capacidade especial, que é produzir mais mercadorias: só a força de trabalho é capaz de juntar tudo isso e fazer um exemplar de sapato.

Ocorre que o trabalhador é pago por uma jornada de trabalho em que ele produz diversos exemplares de sapatos, mas o valor de venda desses sapatos supera o quanto recebe de salário e os outros custos de pro-

CIRCULAÇÃO DAS MERCADORIAS
OLHA COMO AS PESSOAS SÃO LIVRES.
ADAM SMITH
PRODUÇÃO DAS MERCADORIAS
LIVRES?! POR TRÁS DESTA SUPOSTA LIBERDADE HÁ EXPLORAÇÃO.

dução. Ou seja, o capitalista se apropria de uma parte do valor produzido pelo trabalhador. Essa diferença entre o salário pago e o valor produzido pelo trabalho é chamada de "mais-valia" ou "mais valor". A partir dela se explica o lucro dos capitalistas, donos dos meios de produção.

Há, ainda, outros tipos de capitalistas – ou burgueses – que recebem uma parte desse "mais-valor" extraído de horas não pagas de trabalho executado pela classe trabalhadora. Os capitalistas que estão na esfera financeira recebem juros do capital que os capitalistas produtivos

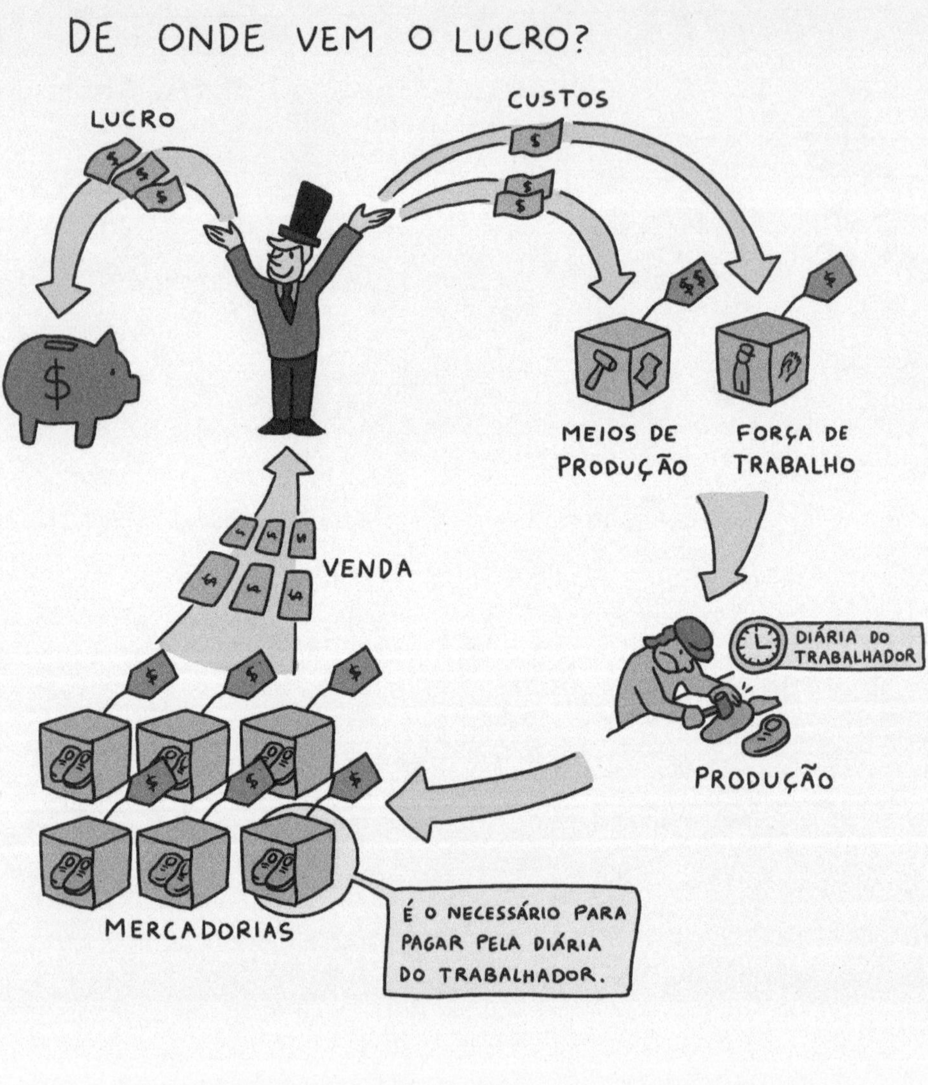

tomaram emprestado para produção, a isso Marx chama de "capital portador de juros". Há também os capitalistas que recebem aluguéis e rendas pagas pelo uso da propriedade da terra. Dessa forma, embora o valor produzido pela sociedade seja repartido em salários, lucros, juros e aluguéis, este só pode ser criado pelo trabalho humano. Mesmo quando máquinas criam outras máquinas ou outras mercadorias, as primeiras máquinas foram construídas por trabalhadores. O trabalho humano é a substância do valor e o capital um instrumento de apropriação de renda das rendas geradas pelo trabalho.

Se anteriormente, nos modos de produção pregressos, as formas de exploração e opressão eram diretas e mais visíveis – especialmente a servidão e a escravidão –, no capitalismo a exploração fica subsumida, escondida. Parece que há uma justa troca de equivalentes, como se o salário equivalesse à produção, e não somente a uma parte dela.

Uma visão marxista, portanto, advoga que, embora a riqueza seja produzida socialmente, ou coletivamente, o que distribui essa riqueza são as relações de poder e de propriedade. É basicamente o capital que vai distribuir essa riqueza na sociedade. Então, para Marx, o capitalismo é uma máquina de fazer inovações, de produzir desigualdades, mas também uma máquina de exploração. É essa "máquina", chamada Capitalismo, que Marx descreve brilhantemente no livro *O Capital – Crítica da Economia Política* (1867).

O capital é o DNA do capitalismo, lá estão expostas as especificidades das formas mais elementares do sistema, como a mercadoria, até as formas mais complexas, como aquelas que habitam o sistema financeiro. Todas essas formas, para Marx, ocultam relações sociais específicas do capitalismo.

Marx assistiu à exploração do trabalho no auge da Revolução Industrial Inglesa onde as pessoas, adultos e crianças trabalhavam 16 horas por dia em uma mina de carvão e em condições insalubres. Aquilo, aos olhos de Marx, não poderia dar certo e em nada parecia com o sistema econômico harmônico, natural e eficiente descrito pelos economistas políticos clássicos.

E Marx viveu também crises financeiras importantes e ele identificou no capital a juros e no capital fictício determinantes importantes da dinâmica capitalista que aumentam as contradições e instabilidades do sistema. Ou seja, para além do capital produtivo, os movimentos contraditórios do capital financeiro, aparentemente dissociado da dinâmica real, promovem instabilidade no sistema. Então, para Marx, o capitalismo é um sistema inerentemente instável fundado na exploração do trabalho.

KEYNES E A MACROECONOMIA

O ano de 1883 marca a morte de Karl Marx e o nascimento de John Maynard Keynes. Keynes também foi um autor dedicado a compreender o funcionamento do capitalismo, seus mecanismos internos de geração e propagação de crises, e vivenciou a maior crise financeira do capitalismo que decorre da quebra da Bolsa de Valores de Nova York, em 1929, como veremos na Parte 2 deste livro. Anos depois do estouro da crise, em 1936, ele publica um livro que coloca por terra a teoria até então predominante entre os economistas que pressupunha que o sistema capitalista se pautava por uma tendência ao equilíbrio, inclusive o chamado equilíbrio de pleno emprego. Dessa forma, Keynes, assim como Marx, trata a organização econômica capitalista como um sistema inerentemente instável, onde as crises são constitutivas e o desemprego era um problema sistêmico.

Para os economistas neoclássicos, a economia tenderia ao equilíbrio quando o mercado funciona livremente, sem interferência do Estado. Já para Keynes, ao contrário, o sistema capitalista tinha uma tendência interna ao desenvolvimento de crises, por isso a importância do Estado e da política econômica. Nesse sentido, Keynes olha para os

efeitos da crise de 1929 e sobre o conjunto da economia e inaugura o que hoje conhecemos como "macroeconomia", concedendo explicações de ordem macro e não microeconômicas para fenômenos econômicos como o desemprego e o crescimento.

Para Keynes é o gasto que determina a renda. As decisões de gastos determinam o quanto uma economia crescerá. O gasto de uma pessoa é da renda de outra pessoa. Dessa forma, se alguém parar de gastar, alguém não irá receber. Por exemplo: se um indivíduo para de ir ao restaurante, o dono para de vender o prato. Se todo mundo para de ir no mesmo restaurante, ele quebra. Consequentemente, gera desemprego e queda do nível de renda daquela sociedade.

Esse é o *Princípio da Demanda Efetiva*, de Keynes. As decisões de gasto, especialmente a decisão de investimento dos empresários, determina a renda e o emprego da sociedade.

Uma crise é um momento de contração dos gastos ou da demanda da sociedade, as empresas investem menos porque têm medo do futuro; as famílias também apertam os cintos. Mas se todos os par-

CRISE ECONÔMICA E O PAPEL ANTICÍCLICO DO GOVERNO

ticipantes da economia decidem parar de gastar ao mesmo tempo, a economia desacelera. É por isso que, na crise, o governo deve gastar para compensar a contração do gasto privado, afinal o gasto do governo é renda do setor privado. Se todos deixam de gastar ao mesmo tempo e o governo também faz isso, a crise tende a se aprofundar.

Isso é o contrário do que diz a teoria neoclássica para qual o crescimento econômico não é determinado pela demanda, mas pelas condições da oferta, ou seja, pela estrutura produtiva de um país e a produtividade dos trabalhadores, o gasto do governo não pode fazer muita coisa para mudar isso.

Enquanto a teoria neoclássica advoga que o desemprego era voluntário, fruto de decisão dos indivíduos que não querem trabalhar ou não aceitam os baixos salários oferecidos, Keynes via uma imensa fila de desempregados que não era explicada pela teoria convencional. Naquele momento, as pessoas estavam dispostas a trabalhar por qualquer salário, mas não encontravam emprego.

Keynes explicou que o problema do desemprego é inerente ao sistema econômico. Ele é produzido por um sistema em que as decisões econômicas de gastos são pulverizadas, não coordenadas, e por uma lógica de produção que não necessariamente leva ao pleno emprego. Daí a importância do Estado para gastar e gerar emprego e renda em um momento de crise. Isso foi fundamental lá na década de 1930 e durante todo o pós-guerra nos países centrais, como veremos mais adiante. Já a solução neoclássica para o desemprego não é o aumento do gasto público mas, por exemplo, a flexibilização da legislação trabalhista para reduzir a "rigidez" no mercado de trabalho.

Além disso, enquanto que para a teoria neoclássica o dinheiro é neutro – apenas um "lubrificante" do sistema econômico –, para Keynes o dinheiro tem papel fundamental para explicar a dinâmica econômica. Aí ele se aproxima muito de Marx, que já afirmava no livro 1 de *O Capital* que a simples existência do dinheiro já apontava para possibilidades de crise, ou seja, o dinheiro funciona como um elemento desestabilizador. Na crise, as pessoas se agarram ao dinheiro e preferem guardá-lo em vez de gastar, o que reduz a renda que circula na economia. Da mesma forma, Keynes apresenta o dinheiro com um papel público de fazer circular as mercadorias e, ao mesmo tempo, um objeto de apropriação privada. Ou seja, se as pessoas resolverem guardar dinheiro em vez de gastar, haverá mercadoria sem comprador e trabalhadores formarão a fila do desemprego.

No capítulo 17 da *Teoria geral do juro, do emprego e da moeda*, de 1936, Keynes argumenta que existem fenômenos no sistema financeiro análogos ao entesouramento de dinheiro, ou seja, que provocam interrupções na economia. Dessa forma, a decisão de colocar o dinheiro no mercado financeiro em vez de fazer um investimento produtivo ou gastar com bens e serviços, é uma decisão que tem consequências macroeconômicas sobre a renda e o emprego.

MARX VERSUS KEYNES

Em que pese as convergências, os autores têm diferenças importantes. A principal delas é que Karl Marx estava interessado em compreender o funcionamento do capitalismo para superá-lo. Marx era um militante, um socialista, um revolucionário. Para Marx, não havia saída para os problemas da humanidade dentro do capitalismo, posto sua premissa de ser um modo de produção contraditório assentado na exploração "do homem pelo homem".

Keynes, ao contrário, buscou compreender a dinâmica de funcionamento do capitalismo para "salvá-lo dele próprio", especialmente advogando pelo papel do Estado e seus instrumentos estabilizadores desse sistema. Keynes era um defensor de políticas para alcançar o pleno emprego, da regulação dos bancos e do sistema financeiro.

No entanto, a partir de uma visão de mundo marxista é possível advogar medidas keynesianas, que avancem no bem-estar social, na redução da arbitrariedade do livre mercado e na redução das desigualdades, medidas que, no fim das contas, fortalecem os trabalhadores. Para conciliar Keynes e Marx, as "reformas" dentro do capitalismo não são finalidades mas um meio para um processo pedagógico, participativo e

mobilizador em que os trabalhadores vão tomando consciência do seu lugar na história.

Por fim, temos o exemplo de um autor, Michal Kalecki (1899-1970), um marxista polonês dedicado ao estudo da macroeconomia que escreveu antes de Keynes e de lugar diferente (ele estava na Polônia e Keynes, na Inglaterra) e chegou ao mesmo "Princípio da Demanda Efetiva" a partir da análise dos esquemas de reprodução que Marx traz no livro 2 de *O Capital*. Obviamente Kalecki, como marxista, usou outra metodologia para fazer a análise, por exemplo, diferenciou o consumo dos trabalhadores do consumo dos capitalistas e também inseriu elementos sobre a distribuição de renda entre classes. Ou seja, utilizou categorias marxistas e chegou a conclusões, no campo da macroeconomia, muito próximas das de Keynes. Dessa forma, é possível ter uma visão de mundo marxista e usar um ferramental macroeconômico, tido como keynesiano.

PARA SABER MAIS

- Para quem quer ler na fonte, as obras incontornáveis de Marx e Keynes são *O Capital* (1867) e a *Teoria geral do emprego, do juro e da moeda* (1936). São livros para serem estudados.
- Kalecki tem um artigo curto que vale a pena ser lido, chamado *Aspectos políticos do pleno emprego* (1943).
- Há vários livros importantes de intérpretes de Marx e Keynes. Para ficar no Brasil, há o livro de José Paulo Netto e Marcelo Braz chamado *Economia política, uma introdução crítica* (Editora Cortez, 2021) e o livro de Luiz Gonzaga Belluzzo, *O tempo de Keynes nos tempos de capitalismo* (Editora Contracorrente, 2016).
- Sobre o início da carreira de Marx e sua formação enquanto militante e revolucionário tem o filme *O Jovem Marx* (diretor Raoul Peck, 2017).
- Em seu canal do Youtube, Juliane Furno tem um minicurso intitulado *Valor, dinheiro e capital em Marx* (Ju Furno, 2021).

NEOLIBERALISMO

O neoliberalismo é considerado por alguns como a ideologia responsável por muitos dos nossos problemas: as crises financeiras, a desigualdade, o desastre ambiental, a depressão das pessoas que não encontram seu lugar em um mundo marcado pelo individualismo e a concorrência desenfreada. De fato, o neoliberalismo pode explicar muito sobre a forma como se organiza o capitalismo contemporâneo, a ideologia que move essa organização, as políticas econômicas predominantes e a racionalidade que organiza o comportamento das pessoas e das instituições. Este capítulo trata dessas questões ao explorar o conceito de neoliberalismo.

DO LIBERALISMO AO NEOLIBERALISMO

Para compreender o que é o neoliberalismo, no entanto, é necessário dar um passo e relembrar que o liberalismo – a concepção política da Economia Política Clássica, discutida no capítulo 2, tributária das concepções de "jusnaturalismo" ou "direito natural" –, sustentava a ideia de que a liberdade de trocas e o livre comércio era a forma "natural" de organização da sociedade, que assim se liberta da dominação divina e dos Estados Absolutistas.

John Locke (1632-1704) foi a principal referência no campo da ciência jurídica liberal e defendia que dentre os direitos naturais dos homens estava, sobretudo, o direito à propriedade privada, sendo ele o ingrediente fundamental para a consolidação do capitalismo, como um modo de produção assentado na propriedade privada sobre os meios de produção.

Adam Smith, citado no capítulo 2, ficou conhecido como o "pai do liberalismo" e sua teoria recupera Locke e as premissas do "direito natural". O liberalismo econômico partia da premissa de que havia uma justificativa moral para a defesa do interesse particular e egoísta dos indivíduos, já que a busca por seu próprio interesse trazia vantagens à comunidade, como apresentamos com o exemplo da "benevolência do padeiro". Lembrando: o padeiro não faz pães porque é benevolente e quer alimentar a comunidade, mas tão somente porque pensa no seu lucro com a venda de pães. Se todos pensam em lucrar vendendo ou comprando algo, o resultado é o bem comum.

A imagem da "mão invisível", criada por Adam Smith, busca mostrar como o mercado organiza a economia de forma natural ao equilibrar virtuosamente demanda e oferta em uma concorrência leal que beneficiava a todos. Nessa abordagem, o Estado é exterior ao organismo econômico e o mercado é regido por leis naturais e dotado de um mecanismo autorregulável. Nesse sentido, a melhor política é deixar as coisas seguirem o seu curso normal e ao governo cabe atuar, principalmente, no plano da justiça e da segurança, mas deve deixar ao mercado o que é tarefa do mercado.

O liberalismo, no entanto, vai enfrentar uma grande crise em 1929, com a quebra da Bolsa de Nova York e a grande depressão econômica que dela se sucedeu. Se descobre, na prática, que a economia não tende ao equilíbrio e que o desemprego não é um processo involuntário, de quem não quer trabalhar. Assim, como teoria econômica hegemônica, o liberalismo vai sendo suplantado, principalmente após a publicação de *A teoria geral do emprego, do juro e da moeda*, de John Maynard Keynes

e, pela ação pregressa dos governos, de interferir na economia e nos mercados para garantir um nível adequado de atividade econômica.

Embora as ideias keynesianas tenham ganhado impulso e se tornado forma dominante no pensamento econômico, os herdeiros do liberalismo não deixaram de se organizar e já nos anos 1940 fundaram uma nova escola de pensamento, conhecida como "neoliberalismo". A origem está nos debates da *Sociedade de Mont Pèlerin* que, no encontro de 1947, deixou expresso que "os valores centrais da civilização se encontram em perigo. Em grandes extensões da superfície da terra, as condições essenciais da dignidade e da liberdade humanas já desapareceram. Noutras, acham-se sob a constante ameaça do desenvolvimento das atuais tendências políticas".

A crítica se concentrava no "excesso" de intervenção estatal, que compromete as liberdades individuais e era capturada pelos interesses corporativos, vulnerável à pressão dos sindicatos e movimentos da sociedade civil. Essa crítica às fragilidades do Estado era expressa no conceito de *Estado Providência*, de Friedrich Hayek (1899-1992), o principal expoente da *Escola Austríaca*. Para ele, esse Estado seria incapaz de guardar intactos os princípios da "sociedade aberta". O *Estado Providência*, dessa forma, é uma ameaça à liberdade dos indivíduos e à "competição criadora", que constituiria a base da prosperidade humana.

Buscando proteger o cidadão das desgraças da sorte, o Estado, aparentemente benfeitor, acabaria, na verdade, produzindo a ineficiência e o clientelismo, pago pelo mesmo cidadão que à primeira vista procurava socorrer.

Neste contexto, o neoliberalismo surge como uma refundação do liberalismo. Um novo liberalismo que rejeita a ideia de "ordem natural" espontaneamente conduzida pelo mercado e afirma a necessidade de uma "ordem construída", na qual o Estado deve promover a concorrência entre as forças econômicas e criar as condições para uma atuação eficiente dos mercados.

A metáfora do "código de trânsito" serve como exemplo para destacar a diferença entre o liberalismo e o neoliberalismo. A função do Estado é fazer o mercado funcionar bem e, para isso, não pode se envolver muito, mas também não pode se ausentar. Como no trânsito de automóveis, se não houver regra alguma, os carros se chocam e os pedestres são atropelados. A crítica do neoliberalismo ao liberalismo é que aquela "naturalidade" passada, agora vai sumir. Não tem mais o *laissez faire, laissez passer* (deixe fazer, deixe passar). Os neoliberais parecem ter compreendido que a economia não anda sozinha, sozinha ela tropeça.

Em síntese, parte da filosofia política do liberalismo, de que o mercado tem condições de organizar uma economia, mas agora com papel redefinido do Estado, não mais somente garantir o direito à propriedade e "deixar a economia atuar livremente", mas exercer um papel importante para a garantia da concorrência e do livre mercado.

O neoliberalismo, no entanto, não ganhou primazia porque a sociedade leu seus autores e se convenceu das suas ideias, mas porque as elites econômicas souberam instrumentalizar essas ideias, especialmente nos momentos de crise econômica pela qual passaram os principais países que adotavam as políticas intervencionistas conhecidas como *Estado de bem-estar social*. O neoliberalismo ganha relevância ao culpar o Estado interventor e o conjunto de direitos sociais pela crise que atingiu essas nações no final da década de 1970. Segundo essa interpretação, o Estado permissivo ampliou demasiadamente o gasto público e colocou diversas barreiras ao livre funcionamento do mercado, sendo o responsável pela crise.

Como veremos na parte dois deste livro, essa crítica à operação dos *Estados de bem-estar social* era uma reação de classe ao fortalecimento dos trabalhadores e às perdas no campo econômico. O neoliberalismo era o instrumento necessário para uma ofensiva de classe iniciada nos países centrais na década de 1980.

NEOLIBERALISMO ENQUANTO RACIONALIDADE

O neoliberalismo é mais do que uma ideologia ou uma receita de política econômica. É, também, um sistema normativo ou uma racionalidade que está dentro de nós e das instituições. É uma racionalidade que pauta as nossas ações de fora para dentro e de dentro para fora, legitimando esse sistema.

A premissa básica é a da concorrência como o motor do sistema. Ou seja, a disputa entre os indivíduos pela apropriação da riqueza na sociedade é a base do bem-estar coletivo. Assim, quanto mais as pessoas concorrem entre elas, melhor será o sistema.

A racionalidade do neoliberalismo ainda se baseia na valorização do risco. Uma pessoa sob risco produz mais, portanto seria mais eficiente no que ela faz. O risco de ficar desempregado, o risco de ter uma velhice sem recursos, sem uma previdência pública ou rede de proteção social. Nesse contexto, um sistema que dá emprego à pessoa, mas não garante a estabilidade, é um sistema mais eficiente do que um sistema que garante estabilidade de renda e emprego. Assim, a ideia de valorização do risco e, consequentemente, a desvalorização do assistencialismo do Estado, é uma ideia inerente ao neoliberalismo.

Supõe-se que o assistencialismo do Estado traz para a sociedade uma perda de eficiência, como se estivesse premiando pessoas pouco produtivas e penalizando (com impostos) pessoas que são mais produtivas. Isso é a base de um entendimento mais conservador sobre a política social, em particular, e a política fiscal, em geral. O neoliberalismo fundamentou a redução de impostos sobre a renda e a riqueza dos mais ricos, sob a alegação de que isso aumenta o espírito empreendedor e torna o sistema mais eficiente. Por outro lado, propostas de aumento de impostos dos mais ricos e de transferências para os mais pobres são tidas como injustas e ineficientes para o sistema.

A racionalidade neoliberal pensa tudo em termos de "eficiência", partindo da premissa de que bem-estar coletivo é um resultado de decisões individuais e do bom funcionamento do mercado. Aliás, a própria palavra "social" nessa dimensão neoliberal é esvaziada, assim como a ideia de desenvolvimento que vira um subproduto espontâneo das forças de mercado e não, como diria Celso Furtado (1920-2004), uma intenção política.

O neoliberalismo tem o indivíduo como o centro e a teoria econômica neoclássica como base metodológica. É diferente de Keynes e de Marx, que vimos no capítulo anterior. Ambos partem das chamadas "teorias organicistas" que veem o conjunto da sociedade para explicar o que está na sua base. Já a teoria neoclássica e o neoliberalismo têm o indivíduo como o elemento que vai explicar a sociedade como um todo. Um exemplo: parte da teoria neoclássica estuda o racismo, não como um problema estrutural, mas como um problema individual que pode ser resolvido com incentivos de mercado. Assim também é com o desemprego, que passa a ser visto como um problema do indivíduo. Ou seja, o desemprego não é um resultado de uma economia que funciona mal, mas das capacitações de cada um.

Dessa forma, temos uma sociedade que se organiza entre vencedores e perdedores. Naturaliza-se a desigualdade e se retira a responsabilidade da sociedade no bem-estar coletivo. Aliás, a própria palavra sociedade é negada por Margaret Thatcher (1925-2013) que dizia que não existe "sociedade", existem apenas famílias e indivíduos. A primeira-ministra inglesa também dizia que a economia é um instrumento e o objetivo é mudar a alma das pessoas. A alma das pessoas, no caso, é justamente a lógica subjetiva ou a racionalidade que está por trás do neoliberalismo. A racionalidade dos indivíduos como empresas de si mesmo, do empreendedorismo, de que tudo o que o indivíduo faz é em proveito próprio, para maximizar a sua eficiência.

A racionalidade neoliberal coloca a lógica econômica no centro do processo. A ideia é criar mercados onde não há mercados e, onde não é possível criar mercados, atuar com uma lógica de mercado. Como Hayek dizia, o sistema de preços é uma espécie de mente da sociedade, é aquilo que dará objetividade e reduz o arbítrio dos indivíduos, de sociedade, de Estados. E é essa mente da sociedade que a guiará para onde deve ir. Então, a mercantilização da sociedade é um objetivo e uma finalidade do neoliberalismo enquanto sistema normativo. Assim, na racionalidade neoliberal, a lógica econômica é utilizada para administrar a casa, as relações sociais e até administrar o Instagram. O sujeito neoliberal maximiza *likes*.

LIMITES MORAIS DO MERCADO

Há aqui um debate sobre os limites morais do mercado. No livro *O que o dinheiro não compra*, Michael Sandel traz uma reflexão muito interessante sobre o que impede a mercantilização de todas as esferas sociais. Nem tudo pode ser transformado em mercadoria, se falamos em vender um filho no mercado isso será um absurdo e, de fato, é um absurdo porque existe um limite moral. Mas, por outro lado, algumas pessoas poderão considerar normal vender um órgão do corpo. Podemos contratar uma mulher que aceite um acordo de "barriga de aluguel" e algumas pessoas podem achar isso normal. É possível comprar o direito de matar um elefante na África e algumas pessoas podem achar isso normal, e por aí vai. Há vários limites do mercado que encontram uma objeção moral, ou seja, é impossível o neoliberalismo se realizar enquanto sistema, um sistema amoral, como se o mercado estivesse fazendo valer a justiça social de uma maneira plena, porque existem limites morais. E o que fundamenta o neoliberalismo, na verdade, é uma moralidade individualista, fundada na corrente filosófica utilitarista.

Michael Sandel traz, ainda, o exemplo da fila. Ela é um critério ético para delimitar quem vai primeiro. Quem chegou antes será atendido primeiro. Pode haver alguns outros critérios como, por exemplo, idosos que passam na frente etc. Já o neoliberalismo, propõe mercantilizar o acesso à fila. Algumas pessoas poderão ir ao parque de diversões comprar um bilhete para furar a fila, que é mais caro que o bilhete que não fura fila. Nas companhias aéreas, por exemplo, há os clientes VIP, que entram em uma fila especial. Esses exemplos não são preocupantes

quando comparados à fila de um transplante de coração. Aceitar que quem tem dinheiro pode furar uma fila dessas é institucionalizar um privilégio e relativizar o direito à vida de quem não tem esse dinheiro.

Por mais que sejamos críticos ao neoliberalismo, carregamos conosco princípios para sobreviver em uma sociedade na qual a concorrência com outros indivíduos é determinante do nosso sucesso. Assim, o neoliberalismo desconstrói laços de solidariedade, bens públicos e a responsabilidade que nós temos com o outro. O outro que é, por exemplo, pode ser o desempregado, o pobre, o que não se colocou de uma maneira adequada no mercado de trabalho. O neoliberalismo redefine a própria ideia de justiça social, ou seja, a justiça social é resultado da operação eficiente dos mercados, e não é algo politicamente construído pela sociedade, de acordo com critérios éticos e morais.

A professora Wendy Brown, autora do livro *Ruínas do Neoliberalismo*, tem como tese o diagnóstico de que os principais inimigos da democracia não são os antidemocratas. Na verdade, é o próprio neoliberalismo que corrompe e corrói a sociedade por dentro, ao esvaziar esse sentimento de coletividade e retirar a esperança da população que não se identifica mais com aquela estrutura e com as instituições que sustentam a democracia. Portanto, a democracia é totalmente incompatível com o neoliberalismo, que acirra as desigualdades sociais, desconstrói laços de solidariedade e deslegitima as instituições representativas. Como veremos na parte dois do livro, do ponto de vista histórico, a desconstrução dos Estados de bem-estar social nos países centrais, o aumento das desigualdades e as reformas neoliberais implicaram na crise das democracias ocidentais e do próprio neoliberalismo.

PARA SABER MAIS

- O livro *A nova razão do mundo* (Boitempo, 2016), de Pierre Dardot e Christian Laval, é um belo retrato de como funciona o mundo hoje e como o neoliberalismo opera enquanto racionalidade compartilhada por todos.
- Wendy Brown também explora o poder do neoliberalismo na dissolução dos valores que sustentam as democracias liberais no livro *Nas ruínas do neoliberalismo* (Editora Filosófica Politeia, 2019).
- Discutimos, neste capítulo, os limites morais do mercado, tema do livro *O que o dinheiro não compra* (Civilização Brasileira, 2012), de Michael Sandel.
- Para quem lê em inglês, o livro *The road from Mont Pelerin – The making of the neoliberal thought collective* (Harvard University Press, 2009), de Philip Mirowski e Dieter Plehwe, examina toda a construção do pensamento neoliberal desde a sua origem.
- O artigo de Alfredo Saad Filho, intitulado "Neoliberalismo: Uma análise marxista" (*Revista Marx e o Marxismo* v.3, n.4, jan/jun 2015), organiza uma boa interpretação marxista sobre o tema. O artigo está disponível na internet.
- O filme *Eu, Daniel Blake*, dirigido por Ken Loach e lançado em 2016, revela o impacto em várias dimensões do neoliberalismo na vida de um cidadão da Inglaterra.

DESENVOLVIMENTO, SUBDESENVOLVIMENTO E DEPENDÊNCIA

O debate sobre desenvolvimento, subdesenvolvimento e dependência é um dos mais antigos nas reflexões sobre a formação social e econômica brasileira. Embora antigo, ele permanece muito atual. Isso porque, apesar de o Brasil ter passado por modificações importantes na sua estrutura produtiva – especialmente no período mais acelerado da sua industrialização –, o subdesenvolvimento deita raízes profundas e estruturais na sociedade, sendo muito mais que um sistema baseado em uma economia primário-exportadora.

Além disso, mesmo transitando por graus mais elevados em autonomia política e econômica, a dependência se manifesta, também, como uma relação estrutural. Portanto, romper com essas amarras exigem transformações quantitativas mas, sobretudo, qualitativas, levadas adiante com radicalidade e vontade política coletiva. Por isso, a compreensão sobre esses temas é fundamental. Os problemas da sociedade brasileira de hoje refletem a conformação de uma estrutura que está vigente desde a nossa colonização e, para tanto, o tema da dependência e do subdesenvolvimento são fundamentais para uma compreensão menos parcelar e da totalidade da economia brasileira.

CELSO FURTADO, DESENVOLVIMENTO E SUBDESENVOLVIMENTO

O primeiro passo para compreender o que caracteriza o desenvolvimento e o subdesenvolvimento é desfazer a noção de que o subdesenvolvimento é uma etapa de um processo histórico que leva ao desenvolvimento. Notem que a ideia de um "país subdesenvolvido" é diferente da ideia de um país "em desenvolvimento", esse último conceito leva a crer que o país está no caminho ou em vias do desenvolvimento. Já o conceito de subdesenvolvimento destaca que não há um caminho natural para o desenvolvimento e que a condição de subdesenvolvimento precisa ser superada.

Celso Furtado, um dos principais expoentes desse tema, apregoava que o desenvolvimento e o subdesenvolvimento nasceram "no mesmo dia", ou seja, são originados a partir de um mesmo processo histórico, a constituição do capitalismo e do comércio internacional. Anteriormente existiam desigualdades entre nações, países metropolitanos

e países coloniais, mas a noção de "desenvolvido" e "subdesenvolvido" é algo que se origina com um comércio internacional já em bases plenamente capitalistas, a partir do advento da Primeira Revolução Industrial em fins do século XVIII.

Ou seja, os países que hoje são desenvolvidos não foram, ontem, subdesenvolvidos. Na estrutura da dinâmica internacional e industrial capitalista, os países já se constituem dessa forma, e o que caracteriza o desenvolvimento é a forma com que eles – que também são os países de capitalismo central –, promovem e propagam o progresso técnico. Desenvolvimento e subdesenvolvimento são estruturas distintas de produção e consumo.

Além disso, os países desenvolvidos usaram o excedente do trabalho e da renda das suas indústrias para reinvestir nas suas próprias economias nacionais. Assim, puderam fortalecer seus sistemas produtivos, gerando mais empregos e mais indústrias. A forma como a industrialização avançou por lá acabou absorvendo muitos trabalhadores e destruindo as formas "pré-capitalistas" de produção. Na medida, porém, em que todos os trabalhadores foram absorvidos no mercado de trabalho, os salários começaram a se elevar, porque – pela lei da oferta e da procura – se há poucas pessoas procurando trabalho, os salários tendem a se elevar. Como os capitalistas não queriam ter seu lucro reduzido em função do aumento dos salários dos trabalhadores – e como eles precisavam seguir expandindo a produção –, os capitalistas viram-se obrigados a investir em novas tecnologias, especialmente poupadoras de forças de trabalho, que aumentavam a produtividade. Isso foi fundamental para os países desenvolvimentos seguirem se desenvolvendo, porque a classe empresarial foi concentrando seus investimentos em inovações técnicas na grande indústria.

Nos países subdesenvolvidos ocorreu ao contrário. Em primeiro lugar, o excedente gerado pela exportação de produtos primários, ao invés de ter sido utilizado para o desenvolvimento industrial, foi drenado pelas elites que queriam imitar ou, nas palavras de Celso Furtado, "mimetizar" o padrão de consumo das elites dos países centrais. Porém, as elites dos países centrais consumiam perfume que aquele mesmo país produzia internamente, e as elites brasileiras, para consumir perfume, precisavam importá-los. Ou seja, o esforço nacional coletivo de muitos trabalhadores para gerar renda via exportação, era utilizado por uma pequena elite que fazia esse dinheiro voltar para o exterior, gerando emprego e renda lá fora.

Além disso, a industrialização nos países subdesenvolvidos ocorreu usando aquela tecnologia gerada nos países centrais que, como falamos, era poupadora de mão de obra. Assim, a industrialização não ocorreu localmente suplantando as atividades pré-capitalistas, nem os serviços de baixo valor agregado, mas concomitantemente a sua per-

manência. Dessa forma, os salários não puderam subir, porque havia um excedente estrutural de mão de obra, uma legião de pessoas desempregadas ou subempregadas, que ajudavam a rebaixar o nível salarial. Como não havia aumento nos salários, não havia estímulo para os capitalistas investirem em ciência e tecnologia e, nesse caso, o progresso técnico era mais lento e condenava os países a uma inserção subordinada no mercado internacional. Dessa forma, no subdesenvolvimento ocorre uma modernização dos padrões de consumo das elites, sem uma modernização da estrutura produtiva e com subemprego e má distribuição de renda.

Portanto, o subdesenvolvimento compreende um processo histórico no qual a difusão e a assimilação do progresso técnico ocorrem de forma muito lenta e desigual, e no qual os frutos do progresso e o aumento da produtividade do trabalho conduziram a uma trajetória de desigualdade e de heterogeneidade estrutural (no nível da produção) e social (no nível do trabalho e as relações sociais).

A DETERIORAÇÃO DOS TERMOS DE TROCA E A IMPORTÂNCIA DE SUPERAR A ARMADILHA DO SUBDESENVOLVIMENTO

Até o fim da década de 1940 permaneceu em voga a teoria das "Vantagens Comparativas", originalmente concebida por um teórico da economia política clássica, David Ricardo. Essa teoria defende que todos os países poderiam se aproveitar do progresso técnico por meio do comércio internacional e, assim, acessar um conjunto maior de mercadorias e a preços mais baixos do que se eles mesmos produzissem. Países como o Brasil, com muita terra, trabalho disponível e pouco capital, deveriam se especializar na produção e exportação de produtos primários, e os países industrializados, intensivos em tecnologia, se concentrariam na produção de manufaturas. Dessa forma, os países subdesenvolvidos não precisariam passar por todo aquele processo pregresso de anos de acumulação de capital para investir na indústria, já que poderiam acessar todos os produtos manufaturados importando-os, e o dinheiro, para isso, viria da exportação daquilo que o Brasil produz melhor: matérias-primas.

Ocorre que a Comissão Econômica para América Latina e o Caribe (Cepal), em 1949, apresentou um relatório, conhecido como *Manifesto de 1949* no qual, a partir de uma pesquisa feita com os preços dos produtos manufaturados em comparação com os produtos primários durante 100 anos, constatou que ao contrário da tendência ao equilíbrio, havia uma tendência a deterioração dos termos de troca dos produtos primários com relação aos manufaturados. Ou seja, ao longo do tempo, quem se especializa em bens primários deve produzir, cada vez mais, bens primários para continuar importando a mesma quantidade de bens industrializados.

Essa deterioração dos meios de troca em que produtos primários perdem valor em relação aos industrializados, acontecia por dois motivos. O primeiro deles é porque os produtos manufaturados tendem a

TEORIA DA DETERIORAÇÃO DOS TERMOS DE TROCA

incorporar tecnologia e trabalho mais qualificados, com salários mais elevados, que são repassados aos preços finais. Por outro lado, os produtos ofertados pelos países especializados na exportação de matérias-primas não incorporam tanta tecnologia em nível da diferenciação do produto nem agregam maiores salários, tanto por não precisarem de mão de obra tão qualificada quanto porque nos países periféricos a atividade sindical, em geral, é dirimida e os salários são pagos para subsistência.

Mas há um outro elemento que se relaciona à estrutura de preços em diferentes tipos de mercado. No mercado de produtos primários, que são *commodities*, os preços são ditados pela oferta e a procura e são, em geral, os mesmos para todos os países. Portanto, esses são exemplos de mercados que chegam próximos ao conceito de *livre concorrência*. Já os preços dos produtos manufaturados são formados por estruturas oligopolistas, que têm condições de inserirem margens de lucro mais elevadas. Um bom exemplo é o mercado de pneus. Atualmente, há no Brasil aproximadamente oito grandes empresas estrangeiras que vendem pneus. Essas empresas podem formar seus preços muito acima dos custos de produção. Portanto, há uma tendência de o preço dos produtos manufaturados (e que importamos) subir enquanto o dos produtos que nós vendemos se mantiverem baixos e dependentes da oferta e da procura global, com menos margem de manobra para a precificação.

No entanto, há outro motivo que mantém as economias subdesenvolvidas presas a uma certa *armadilha do subdesenvolvimento*, o fato de ser baixa a elasticidade-renda de importação dos países centrais. Isso significa que quando aumenta a renda disponível nos países industrializados, a demanda por produtos primários tende a não aumentar na mesma proporção. Afinal, não é porque a renda aumentou que eles vão querer consumir mais café, ou mais soja ou mais banana.

Já a elasticidade-renda do consumo de produtos manufaturados é mais alta. Isso significa o seguinte, quando a renda nacional se eleva em países subdesenvolvidos, as elites econômicas nacionais vão querer mais bens de consumo manufaturados. E, como esses não são produzidos internamente, terão que ser importados, ou seja, o aumento de renda interna vaza para o exterior, mantendo os países subdesenvolvidos e pouco industrializados presos nessa armadilha crescente de produzir e

exportar mais produtos primários para financiar o padrão de consumo de parte privilegiada da sua população.

A partir do diagnóstico da deterioração dos termos de troca, a Cepal então sugeria que a forma dos países periféricos superarem essa barreira e armadilha seria investir na industrialização. Ou seja, industrializar a periferia era a forma de se constituir uma estrutura produtiva capaz de atender ao mercado interno, criando um setor de maior valor adicionado com maiores externalidades que possibilitaria os países periféricos romperem esse destino de exportadores de matérias-primas e absorsores de produtos primários. Não somente pela deterioração dos preços, mas pela vulnerabilidade às crises externas que os países especializados na produção de poucos gêneros primários estavam submetidos; a tendência crônica à inflação por uma agricultura de baixo desenvolvimento e que não se voltava ao mercado interno; um mercado de consumo que não se desenvolvia plenamente porque os salários eram baixos e uma tendência a desequilíbrios externos no balanço de pagamento desses países.

O PAPEL DO ESTADO E DO PLANEJAMENTO PARA ROMPER COM O SUBDESENVOLVIMENTO E A DEPENDÊNCIA

No entanto, a industrialização não poderia ser deixada à livre iniciativa apenas do mercado, uma vez que, pelas suas características, o mercado e seus agentes privados seguiriam investindo apenas no setor rentável da economia – e seriam incapazes de inverter capitais naqueles setores importantes para o desenvolvimento produtivo, mas que teriam lucros apenas de longo prazo e demandaria investimentos muito substanciais.

O Estado tem, na periferia, uma participação central na medida em que ele é a única entidade com condições de coordenar, planejar e organizar um processo menos desigual de mudança no padrão produtivo a partir do que é necessário ao próprio desenvolvimento interno, ou seja, criar indústrias de base e uma infraestrutura necessária para o desenvolvimento de outras pequenas indústrias que atuarão a partir da demanda gerada.

Esse seria o caminho para romper com a dependência em duas frentes – conforme apontou Celso Furtado –, a primeira, a dependência cultural e produtiva. Como falamos, as elites econômicas brasileiras queriam imitar o padrão de consumo das elites dos países dos centrais e usavam o excedente da poupança nacional para importar produtos com alta tecnologia. A dependência se processa também no campo produtivo, uma vez que a tecnologia importada dos países centrais é poupadora de mão de obra. Asim, mesmo quando há industrialização, mantém-se um excedente de trabalhadores desempregados e subempregados com

baixos salários, conformando um mercado de trabalho heterogêneo, com poucos trabalhadores qualificados e integrados na dinâmica industrial e outros milhões em atividades de serviços, sobretudo pessoais.

É o que Furtado chamou de uma *estrutura dualista*, na qual coexistem formas arcaicas e modernas de produção. Ou seja, enquanto uma parte da sociedade se articula com a forma capitalista de produção, uma outra parcela conserva formas pré-capitalistas.

O Estado, portanto, deveria atuar nesse sentido, orientando a utilização do excedente para ser utilizado internamente e gestando condições de geração de postos de trabalho qualificado, além de políticas públicas para redução das desigualdades de renda e riqueza, redução do desemprego e aumento nos salários.

Tal atuação do Estado é fundamental para reduzir a chamada dependência externa. Uma situação estrutural promovida pelo subdesenvolvimento em que as economias periféricas têm seu comportamento e sua dinâmica de crescimento econômico atrelada, ou dependente, do comportamento e das decisões de política econômica tomadas fora dela, ou seja, nos países centrais. Assim, quando há crises econômicas, ou quando os países centrais resolvem consumir menos nossos produtos, nossa economia entra em crise, sem possibilidades autônomas de manter seu mesmo nível de dinamismo.

A dependência também está no campo internacional na dimensão política. Seria leviano achar que os países desenvolvidos e centrais, muitos deles imperialistas, não reagiriam ao desenvolvimento autônomo e em bases nacionais dos países periféricos. Como falamos, desenvolvimento e subdesenvolvimento são faces de uma mesma moeda. Em muitos momentos da história, golpes de Estado – tradicionais ou de novo tipo – foram mobilizados para "cortar as asas" de países periféricos

que ousaram enfrentar o capital internacional e focar no seu desenvolvimento nacional. Portanto, o enfrentamento à dependência e a superação do subdesenvolvimento não é algo somente de ordem econômica, mas tem resistência de ordem política dos países centrais e das elites econômicas nacionais que se beneficiam do subdesenvolvimento.

Nos escritos da última fase teórica de Celso Furtado, dos anos 1970 em diante – portanto, no pós-golpe militar –, o autor dedicou-se a identificar que a luta pela superação do subdesenvolvimento é, sobretudo, uma luta por mudanças qualitativas, que envolvem esforços e mobilização política, uma vez que a busca pela soberania nacional depende do enfrentamento à condição de dependência, e a dependência não é apenas algo de fora para dentro. As elites econômicas brasileiras, em grande medida associadas às elites internacionais, podem se opor ao desenvolvimento nacional que reduz desigualdades de renda e riqueza, aumenta o custo da mão de obra e a autonomia dos trabalhadores.

PARA SABER MAIS

- Celso Furtado tem diversos livros que aprofundam as ideias do capítulo, dentre esses *Introdução ao desenvolvimento: enfoque histórico-estrutural* (Editora Paz Terra, 2000) e *O mito do desenvolvimento econômico* (Círculo do Livro/Paz e Terra, 1974).
- O livro *50 anos do pensamento da Cepal* (Record/Cepal, 2000) reúne os artigos mais representativos do pensamento da Comissão Econômica para a América Latina e o Caribe (Cepal), escritos por Raul Prebisch, Celso Furtado, Maria da Conceição Tavares, entre outros.
- Fernanda Graziella Cardoso escreveu *Nove clássicos do desenvolvimento econômico* (Paco Editorial, 2019) que traz uma

ótima leitura introdutória sobre o pensamento de Celso Furtado, Raul Prebisch, Gunnar Myrdall, entre outros.

- Outro livro importante foi publicado por Ricardo Bielschowsky, *Pensamento econômico brasileiro: o ciclo ideológico do desenvolvimentismo (1930-1964)* (Editora Contraponto, 2004).
- Sugerimos, ainda, o filme *O longo amanhecer – Cinebiografia de Celso Furtado* (Andaluz, 2006), dirigido por José Mariani.

PARTE 2

TRANSFORMAÇÕES NO CAPITALISMO GLOBAL E O MUNDO PÓS-PANDEMIA

O FIM DA ORDEM LIBERAL, A CRISE DE 1929 E O NEW DEAL

A Parte 2 é dedicada a discutir a evolução do capitalismo global em termos históricos. Apresenta, ainda, um panorama dessa evolução com o objetivo de trazer lições para entender o mundo de hoje a fim de pensar o futuro. A ideia central dessa discussão histórica é que não há linearidade na evolução do capitalismo global. Ou seja, o que vivemos hoje não é resultado de avanços tecnológicos e de um aprendizado social contínuo, mas dos conflitos entre classes sociais e nações. Assim, a economia internacional, ao longo da história do capitalismo, oscila entre um padrão de organização mais liberal e outro mais regulado.

Nesse panorama, o nosso ponto de partida é a ordem liberal do século XIX sob a hegemonia inglesa, responsável pela difusão do capitalismo em nível internacional.

REVOLUÇÃO INDUSTRIAL, HEGEMONIA INGLESA E A DIFUSÃO DO CAPITALISMO NO SÉCULO XIX

Karl Polanyi (1886-1964), em seu livro clássico *A grande transformação*, define o período do congresso de Viena até a Primeira Guerra Mundial (1914-1918) como o de consolidação da ordem internacional liberal. Após a derrota do projeto imperial de Napoleão em Waterloo, em 1815, o congresso de Viena redesenhou o mapa político da Europa e permitiu à Inglaterra a construção de um arranjo internacional necessário para levar adiante seu projeto liberal.

A Inglaterra sai na frente na constituição do capitalismo, especialmente por conta do pioneirismo da sua revolução industrial. Nos séculos XVIII e XIX, o país reuniu as condições necessárias para a revolução industrial, dentre essas a mão de obra disponível, dada a abolição das relações de servidão e a revolução agrícola que mercantiliza terras e reduz a subsistência no campo. Havia, portanto, abundância de trabalhadores que precisavam vender sua força de trabalho para sobreviver. Além disso, a Inglaterra foi a nação vitoriosa do período mercantilista, o que gerou acúmulo prévio de capital e controle de colônias e de circuitos mercantis internacionais. Nesse contexto, a Inglaterra tinha disponível o trabalho, o capital e os mercados.

Dadas as pré-condições, a revolução industrial inglesa cria, ao mesmo tempo, a demanda e a oferta de trabalho, demanda e oferta de mercadorias, e revoluciona não apenas a indústria, mas a economia e os modos de vida. Na definição de Eric Hobsbawn (1917-2012), a revolução industrial é a "criação de *um sistema fabril* mecanizado que, por sua vez, produz em quantidades tão grandes a um custo tão decrescente a ponto de não depender da demanda existente, mas de criar o seu próprio mercado".

Nem todos os setores produtivos são capazes de realizar uma revolução industrial, uma vez que esse deve ter ampla capacidade de empregar trabalhadores e, ao mesmo tempo, criar mercados consumidores. A indústria têxtil cumpre com esses requisitos, pois é intensiva em mão de obra e seus produtos atendem às necessidades das massas de trabalhadores. Ou seja, as pessoas antes faziam sua própria roupa ou compravam a roupa no artesão da vila, do local. Então, começam a chegar no comércio roupas a um preço muito baixo, o que inviabiliza as vendas do artesão local – que passa a servir de mão de obra para o sistema fabril.

Da mesma forma, os camponeses passam a concorrer com alimentos importados, que passam a pagar menos impostos devido às políticas de livre comércio e migram para as cidades em busca de emprego.

A revolução industrial se completa na Inglaterra com a constituição do setor de fabricação de máquinas e equipamentos. As ferrovias nascem como propriedade das minas de carvão para transportar o mineral, inicialmente da mina para superfície e depois do local de produção para as cidades. Assim, inventada nas minas de carvão, a lo-

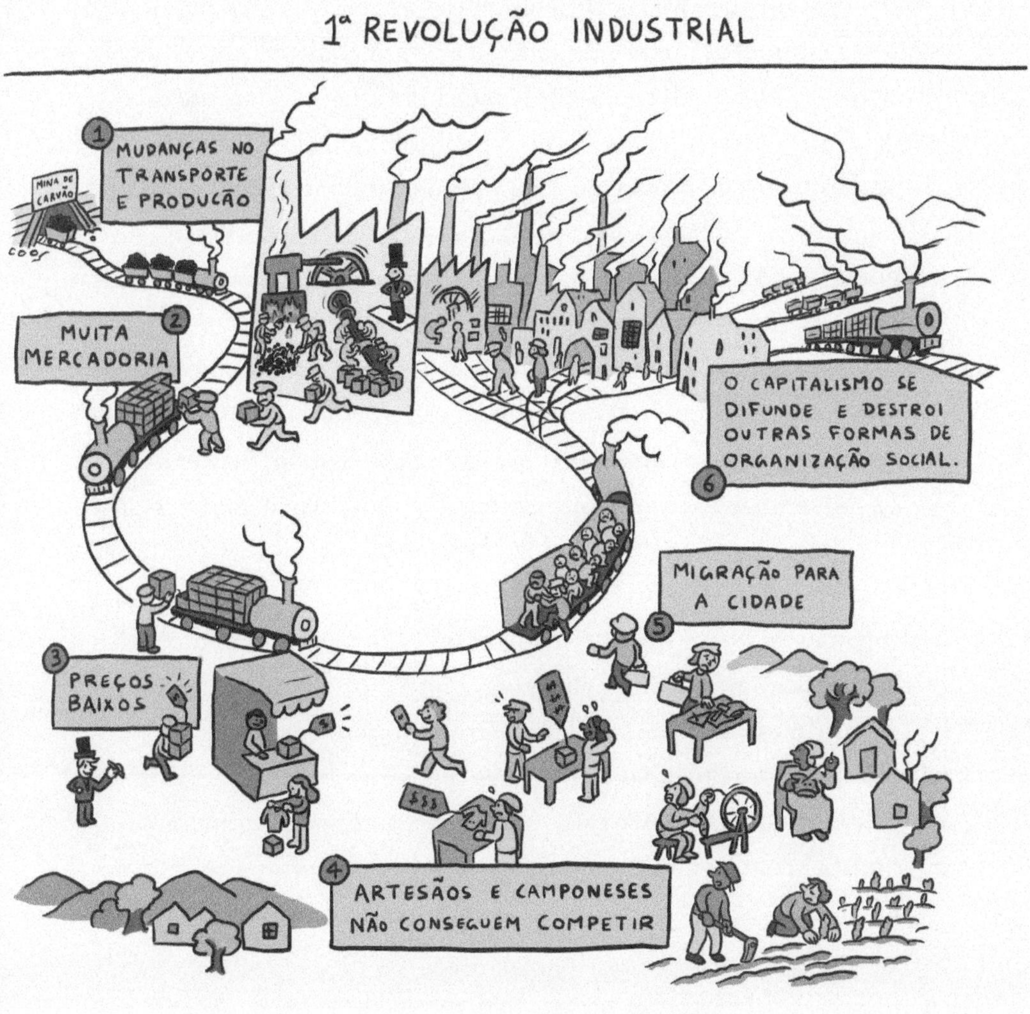

comotiva a vapor revolucionou a atividade produtiva e permitiu uma maior mecanização da produção.

A expansão das ferrovias tem efeitos dinâmicos sobre a economia. Efeitos diretos como a demanda por ferro, aço, carvão, vidro e madeira – estimulando diversos setores produtivos, como a metalurgia. E também efeitos indiretos, por meio do poder das ferrovias de abrir e integrar novos mercados e reduzir custos de transporte. Nesse sentido, as ferrovias expandem a oferta, aumentam a demanda e reduzem os custos de produção.

Por volta de 1860, a Inglaterra produzia em torno de dois terços do carvão mundial, metade do ferro, mais da metade do aço e metade do algodão. O país tinha o monopólio da industrialização que se expandia por meio do comércio externo e permitia, do lado da oferta, a redução dos custos de produção pela importação de insumos e, pelo lado da demanda, a ampliação dos mercados consumidores. Nesse sentido, a economia mundial era fonte de expansão para a indústria inglesa, e suas exportações e importações cresciam em ritmo acelerado.

No auge do liberalismo, a Inglaterra fazia intercâmbio com economias complementares. Seus laços comerciais estavam ligados a uma periferia funcional ao desenvolvimento inglês, especializada em insumos produtivos e alimentos no âmbito de uma divisão internacional do trabalho. Como havia pouca concorrência para os seus produtos, a Inglaterra podia dispensar o protecionismo como ferramenta de desenvolvimento. Nesse sentido, o liberalismo era o instrumento político perfeito para as pretensões inglesas.

Da mesma forma, as demais economias do sistema se beneficiam do livre comércio, ao vender seus produtos para Inglaterra, única economia moderna do sistema, e comprar produtos manufaturados. Essa relação com a potência industrial permitiu a alguns países internalizar as inovações inglesas por meio da importação de capital, máquinas e técnicas de produção.

Dessa forma, em um curto período que corresponde principalmente às décadas de 1850 e 1860, houve uma harmonia de interesses em torno do livre comércio e viveu-se o auge do liberalismo econômico e do capitalismo concorrencial, onde as barreiras para a mobilidade do capital, das mercadorias e das pessoas eram quase inexistentes. Ou seja, a Inglaterra pregava o livre comércio para comprar mais barato e depois vender, enquanto outros países viam vantagem nesse esquema, pois não tinham, ainda, uma indústria capaz de competir com a Inglaterra.

A expansão do capitalismo inglês era também a expansão do capitalismo em si, levado pelas mercadorias, que criam novos hábitos de consumo e reordenam a vida produtiva em todo o mundo. Em um segundo momento, com o desenvolvimento de outras potências industriais, essa complementaridade se transforma em concorrência e, assim, o liberalismo perde sua força e dá espaço às tensões protecionistas.

Os países que pretendiam ter relações comerciais e financeiras com a Inglaterra terminam por adotar o chamado padrão ouro. Essa era a forma que organizava o sistema de pagamentos na Inglaterra. Hoje as moedas e notas que usamos não têm lastro em nenhum metal, o dinheiro é completamente fiduciário, nós usamos porque todos usam e temos que pagar impostos nele. No entanto, no padrão ouro o Estado garantia que o dinheiro em circulação valia uma quantidade fixa do metal precioso. E, se fosse necessário, o Estado convertia o dinheiro em circulação em ouro.

Para fazer comércio com os ingleses era necessário ouro ou libra, assim, muitos países – inclusive o Brasil –, passaram a adotar o padrão ouro. Ou seja, o poder econômico, comercial e financeiro inglês tornou o ouro referência de valor para os países e a libra, a principal moeda nacional.

O CAPITALISMO MONOPOLISTA E O DECLÍNIO INGLÊS

Nas últimas décadas do séculos XIX, o capitalismo passa por importantes transformações, especialmente nos Estados Unidos da América (EUA) e na Alemanha. É o chamado capitalismo monopolista que modifica a atuação da empresa capitalista no que se refere à tecnologia, à organização da produção, ao padrão de concorrência e à estrutura industrial. Nesse momento, nasce um novo padrão tecnológico que originou a segunda revolução industrial, como o uso do aço, motor a combustão interna, química fina e da eletricidade. Aqui a tecnologia se torna uma arma poderosa na concorrência. Além disso, ocorre uma intensificação do processo de divisão do trabalho e uma divisão sistemática das tarefas produtivas. A padronização dos produtos, peças e componentes é novidade do período e pré-requisito para a linha de montagem. A automação da produção transforma o processo de trabalho que perde autonomia diante da máquina. As inovações trazem mais eficiência e permitem a produção em massa de produtos, que mais tarde caracterizou a produção fordista.

Outra transformação importante ocorre na estrutura industrial, com o aumento de escala das empresas e a centralização do capital. Esse processo envolve, por um lado, a difusão das sociedades anônimas (empresas com capital na bolsa de valores) e, por outro, o estreitamento das relações entre bancos e indústrias. O controle do crédito tornou-se uma arma poderosa de concorrência, assim como a formação de monopólios e oligopólios econômicos que não estavam presentes na Inglaterra do século XIX.

Essas transformações gradualmente implicaram a perda de supremacia industrial inglesa para os EUA e a Alemanha. Esse declínio inglês pode ser visto como resultado de seu pioneirismo: enquanto países como EUA, Alemanha e França modernizaram seus parques produtivos, a Inglaterra estava presa a um setor produtivo defasado. Do ponto de vista do cálculo capitalista, é racional utilizar a infraestrutura de produção instalada, uma vez que esses investimentos não poderiam ser desperdiçados. Por exemplo, na Inglaterra os vagões das ferrovias ainda eram pequenos e as companhias ferroviárias ainda eram de propriedade das minas de carvão, enquanto nos EUA o uso das ferrovias era maior e a sua gestão, mais eficiente. Nesse sentido, o sistema produtivo britânico estava preso ao modo antigo, com pouca capacidade de se mover para um novo padrão de produção.

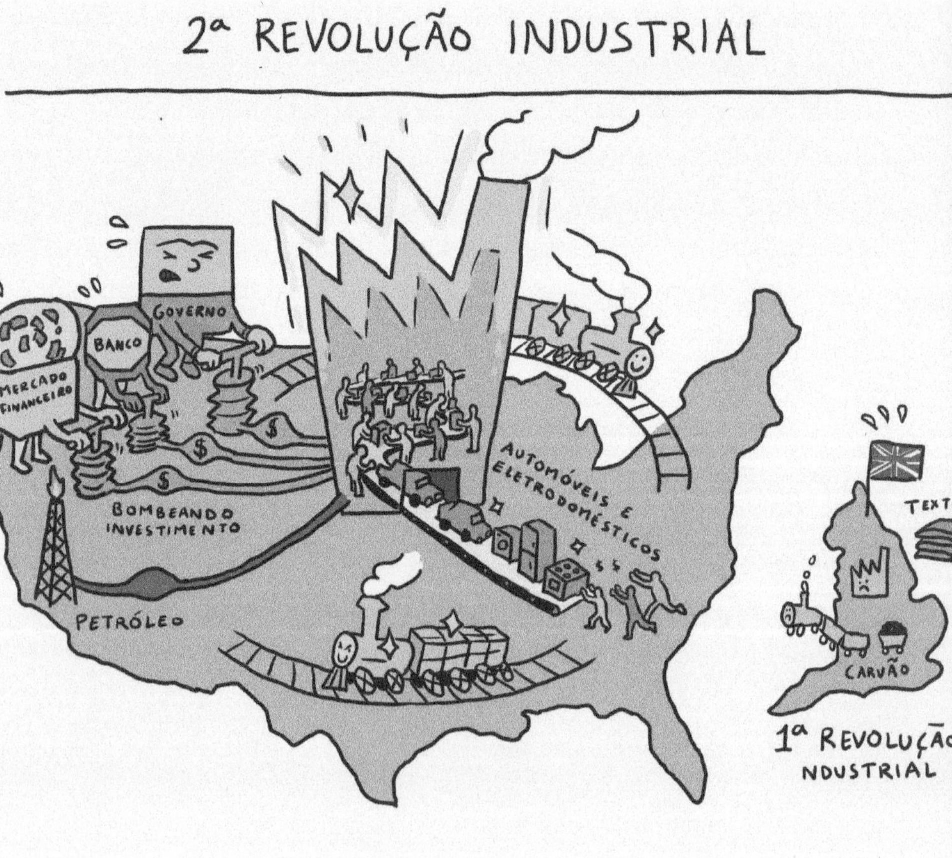

Adicionalmente, o sistema financeiro inglês não acompanhou as mudanças no padrão de relação entre bancos e indústria que ocorria nos EUA e na Alemanha. Paradoxalmente, o crescimento industrial do restante do mundo debilita a indústria inglesa, mas fortalece as suas finanças. A Inglaterra continua a cumprir o seu papel tradicional de financiamento do comércio internacional e de empréstimos externos e continua o maior credor internacional, a despeito de não haver grande mobilização de recursos bancários para a renovação do setor produtivo inglês.

A solução política para o aumento da concorrência capitalista foi dada pelo protecionismo e pelo imperialismo. A concorrência no plano das nações era um reflexo da concorrência da empresa capitalista e buscou a dominação de mercados consumidores e fornecedores de matéria-prima. O imperialismo representou, portanto, a divisão do

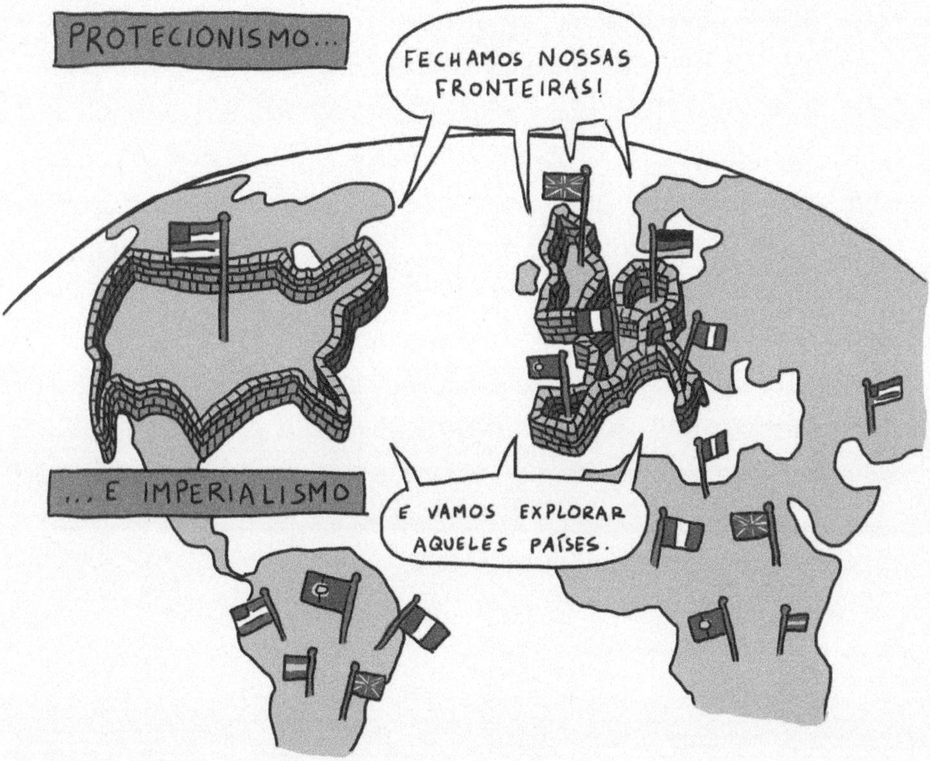

mundo em colônias formais e esferas de influência. A ideia era de anexar todas as áreas atrasadas possíveis para ter o controle vital das matérias-primas e dos mercados consumidores. O aumento das tensões entre as nações leva à Primeira Guerra Mundial, um marco divisor da história contemporânea, e assinala o fim da ordem liberal burguesa, da hegemonia inglesa e o início de um vazio de liderança deixado pelos EUA. Ou ainda, segundo Hobsbawn, marca o final do longo século XIX (1780-1914) e o início do breve século XX (1918-1990).

OS ANOS DE CHUMBO: ECONOMIA INTERNACIONAL NO ENTREGUERRAS

A Primeira Guerra Mundial abre uma era de incertezas, desconstrói uma ordem internacional mas não coloca nada no lugar. Ao longo da década de 1920, as tentativas de restabelecer os pilares do liberalismo como o livre comércio, o padrão ouro e a livre circulação de capitais provocaram crises que culminaram com o abandono dos ideais liberais pelos Estados Nacionais. Para Polanyi, a década de 1920 foi a década conservadora, em contraste com a década revolucionária dos anos 1930. A década conservadora foi marcada pela convicção de que o restabelecimento do sistema pré-1914 poderia restaurar a paz e a prosperidade. Essas tentativas resultaram em crises na Inglaterra, na França e na Alemanha ao longo da década de 1920 e, por fim, na grande crise financeira de 1929.

Em especial, a história da Alemanha na década de 1920 é determinante para a história da civilização ocidental no século XX. O país, derrotado na guerra, foi humilhado pelo Tratado de Versalhes que tira uma parte do seu território e da sua população, desarma e submete a Alemanha às reparações de guerra.

Keynes é premonitório quando escreve o livro *As consequências econômicas da paz*, de 1919, e mostra que esse tratado levaria a Europa à barbárie, nas palavras dele, "temos assim diante de nós uma Europa ineficiente, desempregada, desorganizada, dilacerada pelos conflitos internos e o ódio internacional, lutando, pilhando, mentindo, morrendo de fome. Que garantia podemos ter de um quadro de cores menos sombrias? [...] Se aspirarmos deliberadamente um empobrecimento da Europa Central a vingança, eu ouso prever, não tardará".

Nesse contexto, com a derrota na guerra, o Tratado de Versailles e a queda do Kaiser, a Alemanha se transformou em uma república de democracia extremamente frágil. O Partido Social Democrata alemão (PSD) assume o país e faz frente às revoltas comunistas que se disseminaram pela Alemanha em 1919, e terminaram com a morte de líderes como Rosa Luxemburgo (1871-1919). No outro lado do espectro político, a extrema-direita se organizava em grupos paramilitares e tentava um golpe de Estado em 1923, no episódio conhecido como Putsch de Munique, que resultou na prisão de Adolf Hitler.

Entre 1921 e 1923, a Alemanha passa por um processo de hiperinflação que provoca uma completa desordem na economia com redução da atividade produtiva e explosão do desemprego. No plano social, a pobreza e a inflação lançam o país em uma crise moral, onde prospera a desesperança e os preconceitos que mais tarde ajudarão a construir o discurso nazista, conforme ilustra o filme de Ingmar Bergman, *O ovo da serpente*, de 1977.

Dessa forma, a emergência do nazismo se alimenta do caos econômico que se instaurou na chamada República de Weimar, agravada com a crise financeira internacional de 1929. Nas eleições de 1928, o partido nazista teve menos de 3% dos votos. Já em 1932, o partido ganha as eleições com quase 40% dos votos e, no ano seguinte, conduz Hitler ao cargo de chanceler.

Do outro lado do Atlântico, os Estados Unidos viveram o frenesi da década de 1920 com uma explosão do consumo e uma bolha de preços de ativos financeiros. Com o fim da guerra, a economia americana entra em um "transe comemorativo liberal" como mostra Frederico Mazzucchelli, no livro *Os anos de chumbo*.

No plano político, ocorrem reformas liberais com o desmonte da economia de guerra, o fim do planejamento central, dos excessos de regulação pública, extinção das agências de controle, fim do direcionamento do consumo, crédito e investimento, redução de impostos. No plano cultural, o jazz, o cinema falado, as novas formas de propaganda, os arranha-céus adicionam glamour ao período e reforçam a onda otimista. Já no plano econômico, vive-se a "era dos negócios" (*age of business*), quando a fartura de crédito e o otimismo exacerbado levam a um *boom* econômico. Esse otimismo econômico também inflava uma bolha de preços de ações, que descolava o valor desses papéis financeiros das condições reais da economia.

O clima é interrompido pelo estouro da bolha em outubro de 1929, marcando o início de longo período de crise internacional. O *crash*, ou choque da bolsa de valores, é acompanhado do pânico entre os investidores que se apressaram a vender ativos. No limite do pânico, ocorre a corrida bancária: as pessoas correm para os bancos e sacam seus depósitos com medo que eles desapareçam com a quebra dos bancos. O dinheiro vira refúgio da riqueza.

O economista Irving Fisher (1867-1947) mostra como a crise formou uma espiral de deflação, ou seja, queda de preços que, por sua vez, provocou quebradeira e desemprego, formando um ciclo vicioso. Com o *crash* da bolsa tem-se “vendas aflitivas” de capitais e pagamento de dívidas e, com isso, o estoque de crédito na economia se reduz muito.

Menos crédito leva a menos dinheiro circulando, menos demanda por produtos e queda dos preços das mercadorias. A queda de preços compromete o valor de mercado das empresas e seu desempenho (lucros) e faz cair ainda mais os preços das ações na bolsa de valores. Com isso, as empresas quebram, a produção cai, junto com o comércio e o emprego.

A resposta de política econômica americana diante do impacto da crise, e desse processo descrito por Fischer, foi extremamente tímida e limitada. Em função disso, entre 1929 e 1933, cerca de 11 mil bancos americanos quebraram. O sistema bancário americano era extremamente pulverizado e especializado em ramos produtivos, como bancos de produtores rurais, indústrias etc. E, ao mesmo tempo, extremamente desregulados, sendo o alcance regulatório do banco central americano muito pequeno.

Dada a importância dos bancos na economia capitalista, como vimos na Parte 1 deste livro, a crise bancária desmonta o circuito do gasto e da produção. Entre 1929 e 1933, o nível de preços caiu 25%, a taxa de desemprego chegou a 25% e, dentre os trabalhadores que mantiveram seus empregos, o salário médio caiu em torno de 40%. O Produto Interno Bruto (PIB) só voltaria ao patamar de 1929 em 1937, e o PIB per capita, somente no período da Segunda Guerra Mundial (1939-1945).

O principal responsável por essa recuperação foi o New Deal, plano que implementou uma série de programas econômicos adotados entre 1933 e 1936. O projeto não nasceu pronto, pelo contrário, foi sendo construído conforme aplicado. O professor Mazzucchelli o qualifica como uma babel de ideias, que misturava os dogmas da então teoria econômica dominante com o consenso em torno da necessidade de ação do Estado. O lema central eram os três "R" – *Relief, Recovery and Reform* –, ou seja, assistência, recuperação e reforma.

Franklin Roosevelt (1882-1945) assume em meio à crise, decreta feriado bancário e vai a público garantir à população que seus depósitos bancários estavam seguros. Esse discurso estanca a corrida bancária e, algumas semanas depois, o presidente anuncia o Emerging Banking Act que, por um lado, capitalizou os bancos em dificuldade e, por outro, proibiu a exportação de ouro.

Já o Glass-Steagall Banking Act representou profundas reformas estruturais no sistema financeiro. O novo marco regulatório institui uma série de medidas, dentre elas o aumento do poder de regulação do banco central americano Federal Reserve Sysytem - FED, o estabelecimento de teto para taxa de juros, a proibição de pagamentos de juros sobre depósitos à vista e a separação formal entre as funções de banco comercial e banco de investimento, com o objetivo de reduzir os conflitos de interesses que envolvem a administração de recursos de terceiros e aumentar a segurança dos depósitos bancários. Em linhas gerais, o Glass-Steagall-Act dá poder regulatório ao FED para disciplinar o sistema bancário e essa regulação perdura por mais de cinquenta anos, sendo revogada completamente somente em 1999, no período da globalização financeira.

O New Deal também era voltado para o combate ao desemprego e, para isso, o Estado fez uso de política de gasto público com obras públicas para reforma de rodovias, prédios públicos, conservação de parques, além de programas de transferência de renda e assistência direta aos desempregados.

Ademais, o New Deal contemplou políticas voltadas para o mercado de trabalho e para segurança social, que posteriormente foram lembradas como o embrião do Estado de bem-estar social. A legislação trabalhista contemplada pelo Wagner Act e o Social Security Act (ambos em 1935), instituiu um sistema de aposentadoria, o seguro desemprego, o salário mínimo estatutário, a jornada de trabalho de 44 horas semanais e permite ampla liberdade de organização para os sindicatos. Outras medidas, como apoio à agricultura, também foram implementadas.

Por fim, o New Deal era parte integrante da "década revolucionária" de Polanyi, que rompe com os resquícios da ordem liberal do

século XIX. Outros países também substituíram o Estado Liberal por um Estado ativo na regulação da ordem econômica e, em alguns, o liberalismo deu lugar a ditaduras totalitárias. A desordem do entreguerras deixa um conjunto de lições que serão aproveitadas na construção de uma nova ordem internacional no pós-guerra, em especial a necessidade de um Estado atuante na garantia do emprego e do bem-estar e na regulação do sistema financeiro.

PARA SABER MAIS

- O livro *Os anos de chumbo* (Editora Unesp, 2009), do professor Frederico Mazzucchelli, é uma leitura rigorosa e, ao mesmo tempo prazerosa, sobre a economia dos EUA e da Europa do período do entreguerras.
- Um clássico das ciências sociais, *A grande transformação* (Editora Campus, 1980) de Karl Polanyi mostra, em 1944, como a organização social em torno do mercado autorregulável fracassou e uma nova forma de organização surgiria no pós-guerra. Os capítulos 1 e 2 são uma síntese do que foi a organização econômica internacional no século XIX e no entreguerras.
- *As Eras* – das revoluções, do capital, dos impérios e, finalmente, dos extremos – de Eric Hobsbawn (Companhia das Letras) é um conjunto de livros sobre o longo século XIX e o breve século XX, são referências para análise das transformações sociais nesse período histórico.
- Os romances do escritor britânico Ken Follet, *Queda de gigantes* (Editora Arqueiro, 2010) e *Inverno do mundo* (2012) são leituras prazerosas com um pano de fundo histórico que passa por várias das transformações tratadas neste capítulo.

O PÓS-GUERRA E OS ESTADOS DE BEM-ESTAR SOCIAL

O nosso voo panorâmico sobre a história do capitalismo internacional continua com o período pós-Segunda Guerra Mundial (1939-1945). Esse é um período muito singular, conhecido como a Era de Ouro do capitalismo por conta da combinação de crescimento econômico e bem-estar social nos países centrais. Era um capitalismo domesticado pela forte intervenção dos governos e pela regulação financeira e só pode ser entendido a partir do contexto traumático da Segunda Guerra Mundial e da concorrência socialista na União Soviética, que oferecia uma alternativa de organização social.

A SEGUNDA GUERRA E O ESPÍRITO DE 1945

Não dá para entender a organização capitalista no pós-guerra sem considerar os impactos da Segunda Guerra. Tanto pelo trauma gerado, afinal foi um dos maiores desastres que a humanidade já viveu, com dezenas de milhões de mortos, quanto por seus impactos na economia. Uma economia de guerra não pode ser dirigida pelos mercados, trata-se de uma economia praticamente planificada com controles sobre a atividade econômica, direcionamento de recursos produtivos e inúmeras restrições ao consumo.

Os governos nacionais impunham racionamento de bens de consumo, contingenciamento de matérias-primas, controlavam o comércio externo e tudo o que era importado e exportado e transferiram deliberadamente recursos (mão de obra, capital, matérias-primas etc.) da indústria de bens de consumo para outros setores. A Inglaterra, por exemplo, restringiu o uso dos carros pela população civil para que o combustível pudesse ser aproveitado para os veículos oficiais e aqueles no *front* de batalha. A comida era racionada e o governo chegou até a orientar a eliminação dos animais de estimação por conta da escassez de alimentos. Nessa economia, o governo planejava o que deveria ser produzido ou não, e o que deveria ser consumido.

Para organizar essa economia, o Estado fazia forte uso da propaganda. Diferentemente de uma sociedade de mercado, na qual o incentivo para organização e distribuição da produção é a busca pelo lucro, em uma economia planificada a organização social depende da criação de um sentimento nacional de solidariedade. Assim, a propaganda de guerra alimentava o sentimento de que havia um inimigo comum a todos a ser derrotado coletivamente, chamava as mulheres para as fábricas, incentivava o racionamento, o financiamento do esforço de guerra e reforçava a ideia do sacrifício necessário para um propósito comum.

Essa intensa organização da economia pelos Estados nacionais nos ajuda a entender a singularidade do período que se segue à guerra. Isso porque havia um entendimento de que se a sociedade era capaz de se organizar coletivamente para vencer um inimigo de guerra, também seria possível organizar a economia para vencer os problemas internos.

O filme *O espírito de 1945*, de Ken Loach, retrata o clima social que predominou na Inglaterra após a vitória na guerra. De um lado, havia a ideia de que "nunca mais" o país deveria repetir aquela experiência traumática da guerra, tampouco o drama social do entreguerras que levou ao conflito armado. Para isso, era necessário evitar os erros do

passado e não deixar prosperar o desemprego e a miséria, como ocorreu depois da Primeira Guerra.

De outro lado, havia o sentimento de que "tudo era possível". Se a experiência de guerra mostrou que a sociedade venceu o fascismo ao coordenar a sua organização econômica, por que não seria possível vencer a carestia? Se no esforço de guerra todos trabalhavam, por que em tempos de paz teríamos que conviver com o desemprego? Se durante a guerra, o Estado inibia o consumo privado para o esforço de guerra, por que não era possível inibir o consumo supérfluo para mais gastos com bens públicos e serviços sociais?

E assim, em 1945, o Reino Unido foi às urnas eleger o trabalhista Clement Attlee (1883-1967) como primeiro-ministro. Attlee ganha

ECONOMIA DA RECONSTRUÇÃO

as eleições de Winston Churchill (1874-1965), um herói de guerra, prometendo construir o socialismo no país. Seu governo foi influenciado pelas ideias do economista William Beveridge (1879-1963) que durante a guerra escreveu o relatório sobre seguridade social, conhecido como *Relatório Beveridge*, e influenciou a constituição dos Estados de bem-estar social na Europa. Esse relatório propôs profundas reformas sociais para enfrentar os desafios identificados como os "cinco gigantes no caminho para reconstrução", são eles: necessidade, doença, ignorância, miséria e ociosidade.

No caso inglês, foi criado o sistema de saúde universal, um plano de habitação gigantesco, políticas voltadas para o emprego, dentre outras. Clement Atlee ainda estatizou setores econômicos estratégicos e manteve diversos controles sobre a economia. A partir daí uma nova concepção de atuação do Estado na economia perdurou durante décadas, independente do partido que governava, tratava-se de um consenso do pós-guerra em torno de Estado regulador, voltado para a promoção do pleno emprego e do bem-estar social. Nesse contexto, a Primeira Guerra destruiu a velha Europa associada ao liberalismo econômico, já a Segunda Guerra Mundial criou condições para uma nova Europa.

O ACORDO DE BRETTON WOODS E A RECONSTRUÇÃO DO MULTILATERALISMO

Uma conferência na pequena cidade norte-americana de Bretton Woods (1944) teve como motivação o restabelecimento de uma ordem econômica internacional diante de uma Europa destruída e um comércio internacional interrompido. Para os participantes estava claro que a nova ordem internacional não poderia repetir os erros do sistema monetário do entreguerras, que contribuíram para a catástrofe da Segunda Guerra. E que uma ordem regulada deveria substituir a (des) ordem liberal.

Dentre as lições do entreguerras estavam que: 1) a ausência de uma institucionalidade internacional dificultou os esforços de paz; 2) os ajustes econômicos de aumento de juros e corte de gastos que causam desemprego e recessão não deveriam ser reproduzidos; 3) o Estado deve zelar pelo bom funcionamento da economia e pelo pleno emprego; e 4) os fluxos de capital são capazes de grandes estragos ao desestabilizar economias e alimentar processos inflacionários. Ademais, as experiências positivas do entreguerras, como o New Deal, serviram como modelo para uma nova concepção de atuação de Estado.

A conferência tinha duas propostas principais em debate: a proposta dos EUA, defendida por Harry Dexter White (1882-1948), e a proposta da Inglaterra, encampada por Keynes (sim, o mesmo do Capítulo 2 deste livro). Este último propunha a criação de uma moeda internacional, o bancor, que funcionaria não como uma moeda física que pode ser entesourada, mas como um registro contábil que ajudaria a corrigir desequilíbrios no sistema internacional por meio de um sistema de compensações. A ideia era penalizar os países que exportam muito mais do que importam, e ajudar os países com problemas no comércio externo, o que evitaria o acúmulo de desequilíbrios nas relações comerciais e as chamadas crises de balanço de pagamentos. Mas a proposta vencedora foi a de White, que propunha a simples volta do ouro como padrão monetário – o que favorecia os EUA e a posição do dólar no sistema, uma vez que o país tinha as maiores reservas de ouro do mundo.

Da Conferência de Bretton Woods se constituiu um sistema monetário internacional assentado em três pilares fundamentais:

1) O primeiro é o padrão ouro que implicava taxas de câmbio fixas com o ouro, ou seja, o preço das moedas nacionais era atrelado ao ouro e os bancos centrais se comprometiam em trocar moeda pelo ouro. Mas, diferentemente do antigo padrão ouro, estabeleceu-se que as taxas de câmbio poderiam ser ajustadas em casos de desequilíbrios externos e isso seria alvo de coordenação internacional. A possibilidade de ajustes nas taxas de câmbio era um reconhecimento de que os desequilíbrios externos podem surgir e que esses não devem ser corrigidos conforme o "remédio" do antigo padrão ouro: com políticas recessivas e deflacionárias. Nesse sentido, o câmbio ajustável tinha como objetivo corrigir desequilíbrios sem recorrer a ajustes recessivos. A volta ao padrão ouro era de particular interesse dos EUA, que ao final da Segunda Guerra tinha mais da metade das reservas de ouro mundial e era o grande credor do mundo capitalista.

2) O segundo pilar do sistema monetário internacional eram os controles sobre os fluxos de capitais financeiros. Esses controles, por um lado, protegiam as taxas de câmbio e a paridade com o ouro da especulação financeira e, por outro, permitia o uso da política econômica para

fins domésticos. Mais uma vez, pesou a experiência do entreguerras em que os países não conseguiam sustentar o padrão ouro diante de ataques especulativos do mercado financeiro e jogavam suas taxas de juros lá no alto para tentar conter a fuga de capitais. Já no consenso do pós-guerra, fortemente influenciado por Keynes, a instabilidade dos fluxos especulativos deveria ser contida e a taxa de juros deveria ser um dos instrumentos voltados para assegurar a estabilidade econômica e o emprego.

3) Por fim, o terceiro pilar é a criação de uma institucionalidade supranacional para regulação da ordem internacional. O Fundo Mone-

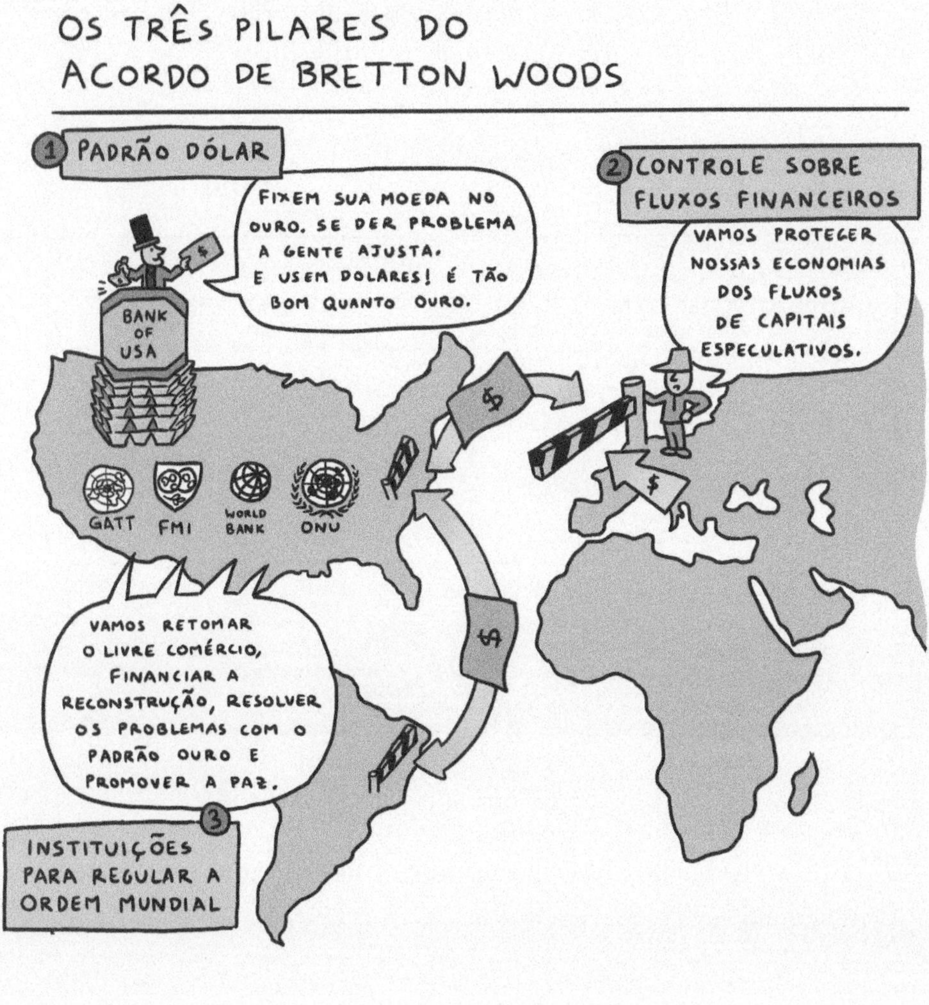

tário Internacional (FMI) foi criado com o objetivo de resolver multilateralmente os desequilíbrios de balanço de pagamentos e coordenar ajustes nas taxas de câmbio, que eram fixas com o ouro. Em 1944, também é criado o Banco Mundial, com a finalidade inicial de financiar a reconstrução dos países destruídos pela guerra. Em 1947, criou-se o Acordo Geral de Tarifas e Comércio (GATT), que depois se transformou na Organização Mundial do Comércio (OMC), que tinha como missão recuperar as relações comerciais entre os países em um contexto de muito protecionismo econômico e substituir as restrições diretas ao comércio por tarifas negociadas. E, por fim, a Organização das Nações Unidas (ONU), criada com o objetivo de aprofundar o diálogo entre as nações e assim evitar novas guerras ou promover a paz.

CARACTERÍSTICAS DO SISTEMA MONETÁRIO INTERNACIONAL SOB:

PADRÃO OURO-LIBRA	PADRÃO OURO-DÓLAR
• CÂMBIO FIXO • LIBERDADE DE MOVIMENTOS DE CAPITAIS • AUSÊNCIA DE INSTITUIÇÕES INTERNACIONAIS	• CÂMBIO FIXO MAS AJUSTÁVEL • CONTROLES DE CAPITAIS • BANCO MUNDIAL E FMI CRIADOS PARA FINANCIAR O DESENVOLVIMENTO E AJUSTAR DESEQUILÍBRIOS

CRESCIMENTO E BEM-ESTAR SOCIAL

As décadas de 1950 e 1960 foram o período de maior crescimento econômico da história do capitalismo. Eram os anos dourados do capital vividos nos EUA e Inglaterra, os trinta anos gloriosos na França, o milagre japonês e italiano.

Segundo Mazzucchelli, há três razões principais que explicam o alto crescimento econômico do período de Bretton Woods. A primeira é a difusão do padrão tecnológico característico da segunda revolução industrial (indústria automobilística, metal mecânica e petroquímica). Juntamente com essa difusão tecnológica, ocorre uma forte expansão do consumo das famílias. O consumo de massa de bens duráveis apoiou-se no crédito e no crescimento dos salários e permitiu a expansão dos mercados internos na Europa e nos EUA.

A segunda foi a implementação de políticas econômicas pró-crescimento comprometidas com a sustentação de uma taxa de desemprego baixa. As taxas de juros reais foram baixas durante todo o período, e a alta capacidade de gasto do Estado era uma garantia contra crises econômicas. Para além de uma alta taxa de crescimento, havia também pouca volatilidade dessa taxa graças a fortes estabilizadores como seguro-desemprego, emprego governamental, sustentação dos preços agrícolas etc.

Por fim, o ambiente financeiro favorável também foi um elemento importante para o crescimento. Os controles financeiros em Bretton Woods não se restringiam aos controles de capitais, mas também incidia sobre as bolsas de valores, regulava o sistema bancário, direcionava o crédito, estabelecia tetos para taxas de juros de captações e empréstimos, dentre outras medidas.

O período também foi caracterizado pela implementação do Estado do bem-estar social em diversos países que garantiu programas universais de saúde, educação e previdência, salário mínimo, seguro-desemprego e regulamentação da jornada de trabalho.

O historiador Tony Judt (1948-2010) aponta como paradoxo o fato do capitalismo do pós-guerra ter sido salvo pelas mudanças identificadas, na época, com o socialismo. Em especial, na Europa, onde o debate político era dominado pela social democracia que colocava em foco, não a propriedade coletiva dos meios de produção, mas a proteção

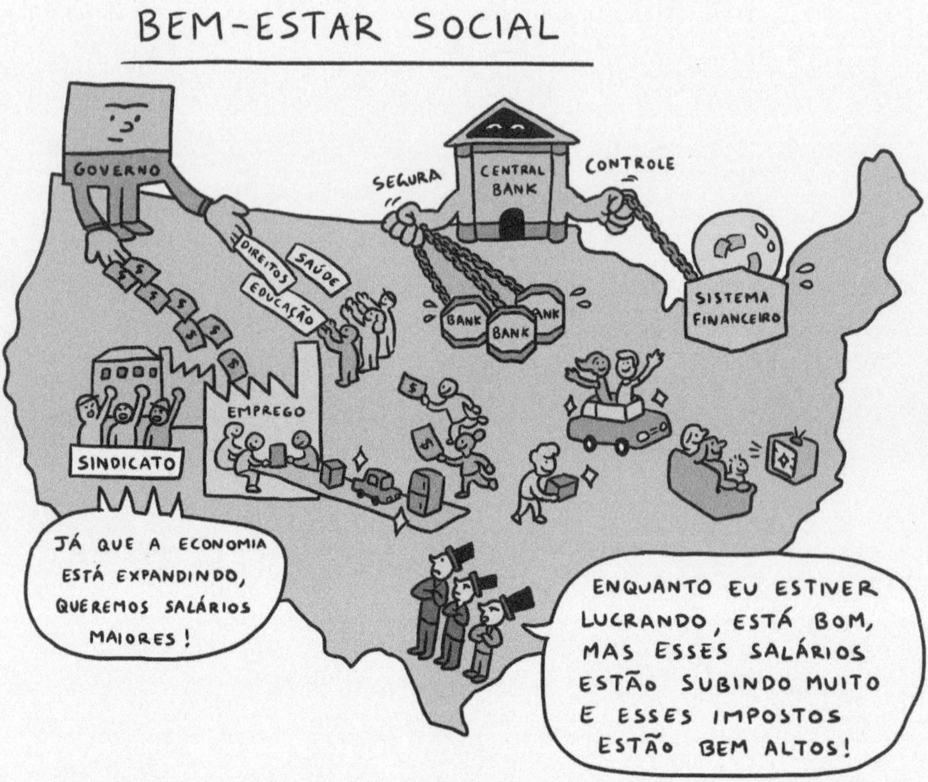

coletiva e a garantia dos direitos sociais e do acesso aos bens públicos básicos como saúde, educação, cultura e lazer. Para Judt, esse foi um período de coesão social em torno de princípios que colocavam o bem-estar público acima dos interesses privados.

PARA SABER MAIS

- O livro do professor Frederico Mazzucchelli, *Os dias de sol: A trajetória do capitalismo no pós-guerra* (Facamp, 2013), inspirou boa parte deste capítulo.
- O filme *O espírito de 1945*, de 2013, do diretor Ken Loach, nos ajuda a entender o momento transformador vivido após a Segunda Guerra Mundial. Disponível em: https://vimeo.com/124353555.
- Publicado pela Editora da Fundação Perseu Abramo (2005), o livro *Forjando a democracia – História da esquerda na Europa* conta como a atuação de movimentos sociais e sindicatos modificou o sentido da democracia e da cidadania, especialmente no pós-Guerra.
- Para o estudo da evolução do padrão ouro e da organização do sistema monetário internacional, ver *A globalização do capital* (Editora 34, 2012), de Barry Eichengreen.
- O livro *Pós-guerra - uma história da Europa desde 1945* (Objetiva, 2008), do historiador Tony Judt, é um referência sobre o período. O capítulo intitulado *Momento Social-democrata* é ótimo para entender a construção dos Estados de bem-estar social nos países europeus, condicionada pelas distintas estruturas sociais.

A ECONOMIA INTERNACIONAL NA ERA DA GLOBALIZAÇÃO

Depois de viver uma ordem liberal (discutida no capítulo 5) e uma ordem regulada (capítulo 6), o capitalismo global volta a se organizar em torno do liberalismo. A globalização é definida neste capítulo como um período histórico que tem início nos anos 1980 e se caracteriza tanto pelo aumento da integração comercial e financeira internacional, quanto pelos aspectos qualitativos descritos a seguir.

GLOBALIZAÇÃO: SIGNIFICADO E ORIGENS HISTÓRICAS

O termo globalização pode ter muitos significados e também ser utilizado de forma tão abrangente que acaba perdendo utilidade enquanto conceito analítico. Já foi recorrentemente usado de forma a legitimar políticas econômicas e descrito como um processo desejável e inevitável. Além disso, é também utilizado por críticos das políticas econômicas e pelos movimentos sociais antiglobalização.

Neste livro, definimos o termo globalização como um período histórico no qual ocorre um conjunto de transformações qualitativas, nos campos financeiro e produtivo. Ou seja, não se trata apenas de um aumento quantitativo de fluxos comerciais e financeiros como ocorreu no passado, mas de mudanças qualitativas que dão especificidade ao período: um conjunto de transformações institucionais, mudanças no padrão de regulação e na relação entre Estados nacionais, mercados e sociedade. Uma nova posição do dólar e da hegemonia americana no sistema monetário internacional, uma nova forma de gestão da riqueza financeira e uma nova forma de organização produtiva.

As mudanças associadas à globalização muitas vezes são descritas como um processo inevitável no qual não há alternativa. No pensamento conservador, a sua origem por vezes remete a um processo natural, orgânico ao capitalismo, resultado dos avanços tecnológicos e da propensão natural do ser humano às trocas. No entanto, a organização econômica da globalização não foi espontânea, mas um resultado político da luta de classes. Ou seja, longe de ser um processo natural, os Estados nacionais desempenharam um papel decisivo em promover as políticas econômicas que deram base à globalização, atendendo a interesses de classes.

A década de 1970 foi uma década de crise do capitalismo, assim como foi o período entreguerras, um período de transição para outra forma de organização da ordem internacional. Essa crise tem muitas dimensões econômicas, como a do fim do padrão ouro-dólar, um dos pilares do sistema monetário de Bretton Woods, a especulação contra o dólar e o choque do petróleo, de 1973, que causou inflação e aumentou os custos de produção.

A redução do crescimento e a pressão de custos acirram o conflito distributivo entre classes sociais e tornam mais difícil compor interesses entre capital e trabalho. Empresários passam a demandar redução de impostos, de gastos públicos e a redução do poder dos sindicatos, que ganharam força com as políticas de bem-estar social. Patrões acusam sindicatos de exigir ajustes inviáveis e, por sua vez, trabalhadores acusam patrões pela escalada dos preços e do desemprego.

Nos anos 1970, nos EUA, além do conflito entre capital e trabalho, assistiu-se a um questionamento do dólar como moeda

central do sistema que resultava em uma fuga de capitais do país. Os próprios bancos americanos se refugiavam no exterior para fugir dos excessos de controles do sistema financeiro americano, que regulava fortemente a atividade bancária e até limitava as taxas de juros das aplicações financeiras.

A resposta ao impasse nos EUA veio com o choque de juros de 1979 do economista Paul Volcker [presidente do FED, o banco central dos EUA, durante os governos de Jimmy Carter e Ronald Reagan] que, segundo Maria da Conceição Tavares, é um marco para a retomada da hegemonia do dólar e para a reconfiguração da ordem internacional. O aumento dos juros americanos joga os EUA e o mundo em uma recessão, reduz a inflação e aumenta o desemprego, fragilizando os trabalhadores. E ainda atrai o capital financeiro disperso pelo mundo, restabelece Wall Street como a grande praça financeira global e o dólar como a moeda referência da riqueza financeira. O choque de juros foi um tiro para o alto que ecoou no mundo inteiro e mergulhou os EUA e o mundo em uma recessão econômica.

Nesse sentido, o choque de juros foi uma resposta recessiva ao problema da inflação e à contestação do dólar nos mercados financeiros. O que, de certa forma, resolve o conflito distributivo em favor do capital ao aumentar a rentabilidade do capital financeiro e, com o desemprego gerado, contribui para a estagnação dos salários dos traba-

CHOQUE DE JUROS DE 1979

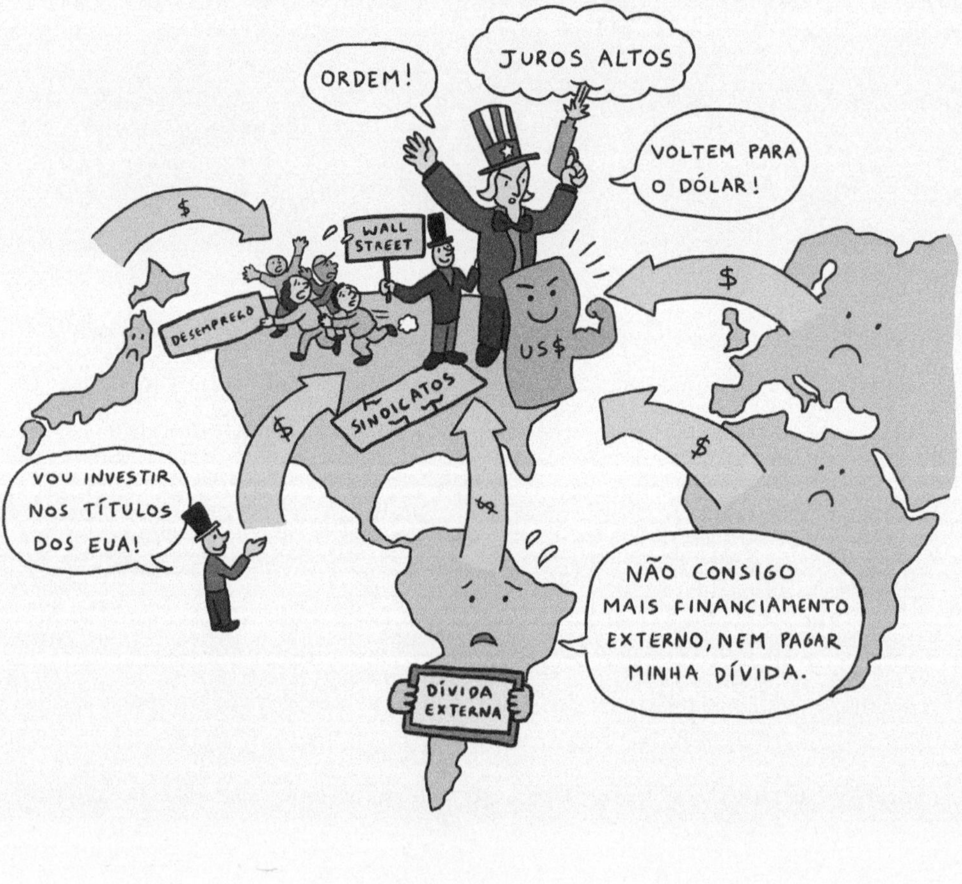

lhadores. Trata-se de um ponto histórico de inflexão que coincide com o início de reformas que desmontam as políticas de bem-estar social, reduzem impostos e, mais uma vez, beneficiam o capital em detrimento do trabalho. Assim, os anos 1980 marcam o início de uma escalada da desigualdade social nos EUA e em outros países centrais.

A GLOBALIZAÇÃO PRODUTIVA

Os turbulentos anos 1970 também são palco de transformações no plano produtivo e tecnológico. Nessa década, observa-se o surgimento de um novo padrão tecnológico, distinto daquele observado na segunda revolução industrial, descrito no capítulo 5. Trata-se da terceira revolução industrial que surge como base tecnológica para as indústrias de computação/informática, telecomunicações, eletrônica de consumo e de automação industrial.

Essa revolução industrial transformou a linha de montagem das grandes indústrias. Aquele trabalhador representado por Charles Chaplin no filme *Tempos Modernos* (1936), executando tarefas repetitivas, é substituído por um robô.

Há uma mudança, portanto, nos processos de trabalho. A indústria precisa de cada vez menos trabalhadores – o que contribui para o enfraquecimento dos sindicatos –, e as tarefas para os que sobram exigem um nível de qualificação e especialização maior para lidar com a programação e operação das máquinas. Esse novo paradigma de produção ganhou impulso no Japão, onde ficou conhecido como toyotismo.

Simultaneamente, a globalização produtiva promoveu um reordenamento da estrutura industrial internacional com a centralização e concentração de capital e formação das cadeias globais de valor. Cadeia global de valor é conceito que expressa a fragmentação da produção em

uma economia global cada vez mais interconectada. Essa rede internacional integra diversos países sob o comando de grandes corporações que gerenciam as cadeias de produção formadas, principalmente em setores e produtos de mais alta tecnologia. Trata-se de uma nova lógica organizacional, com maior dispersão geográfica da cadeia produtiva e especialização crescente.

Assim, por exemplo, a produção de um iPhone depende de peças e componentes produzidos em dezenas de países. No entanto, nem todos os países se beneficiam da mesma forma dessa cadeia global, uma vez que essa rede é hierarquizada e os países sede das empresas que comandam a cadeia se apropriam de uma maior parcela do valor produzido. É o que mostra o gráfico conhecido como "curva sorriso": as etapas que mais ficam com mais valor adicionado (um outro nome para a quantidade de lucro e de salários) são as etapas iniciais, de pesquisa e desenvolvimento de produtos, do *design* do produto, e as etapas finais de *marketing* e serviços comerciais. As etapas que efetivamente produzem o produto são delegadas para países periféricos e se apropriam de uma parcela menor do valor. No caso do iPhone, por exemplo, mais de 50% do valor do produto é lucro da Apple, o restante é dividido entre os custos de produção, salários e o lucro de outras empresas, especialmente asiáticas.

Recentemente, outras transformações impactam o setor produtivo como aquelas associadas à quarta revolução industrial, dos produtos conectados à rede e da internet das coisas. Essa revolução digital reforça a robotização na indústria e também revoluciona o setor de serviços. As mudanças são poupadoras de mão de obra e também precarizam a posição de trabalhadores, promovendo o fenômeno conhecido como uberização que descreve um novo modelo de trabalho, mais flexível, sem vínculo empregatício.

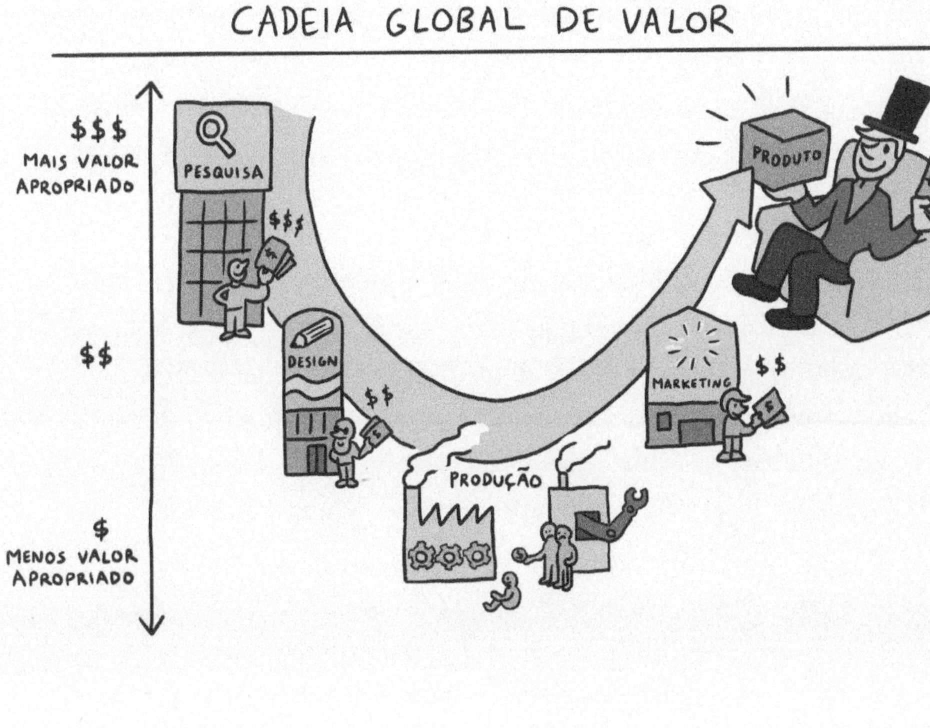

Essa nova configuração do trabalho, além de enfraquecer os trabalhadores enquanto classe e seu poder de barganha, reforça o neoliberalismo enquanto razão social, como vimos na parte 1 do livro. O trabalhador vira gerente de si mesmo e é responsável por perseguir metas e objetivos instituídos por uma empresa que se apresenta como facilitadora mas, no fundo, opera uma nova lógica de subordinação e exploração do trabalho. Se antes o trabalhador identificava claramente o patrão e direcionava a ele suas reivindicações, o trabalhador precarizado dos aplicativos não tem a quem recorrer e já não conta com a proteção social, destituída por reformas trabalhistas.

A GLOBALIZAÇÃO FINANCEIRA

A chamada globalização financeira é caracterizada, por um lado, por um processo de intensa integração financeira global com aumento dos fluxos de capitais e dos estoques de ativos financeiros e, por outro lado, por transformações institucionais e na forma de operação do sistema financeiro.

Essas mudanças ocorrem em um ambiente de liberalização dos fluxos de capitais, ou seja, de remoção das barreiras que impediam ou dificultavam investimentos estrangeiros. Além da desregulamentação dos mercados de crédito e de capitais, processo que o governo retira normas e regras, deixando o mercado operar de forma mais livre.

Com essas mudanças, desde a década de 1980, o volume e o valor de ativos financeiros cresceram muito acima da produção real. Esse fenômeno é complexo, mas pode ser explicado com base na natureza dos títulos financeiros. Esses nada mais são do que direitos sobre uma renda futura, negociados e avaliados pelos mercados. Por exemplo, um título público é um direito sobre uma renda futura (juros) que será transferida pelo Estado ao detentor do título. Já uma ação é um direito sobre uma renda futura, os lucros futuros da empresa, que serão distribuídos sob a forma de dividendos.

Assim, ao emitir ações, uma empresa cria riqueza financeira nova no sistema que representa esses direitos sobre a renda futura. Essa riqueza não é real/material, mas fictícia ou financeira. Assim, quanto mais empresas abrem capital, quanto mais empresas públicas são privatizadas e colocadas nas bolsas de valores, quanto mais títulos de empresas privadas e bancos, mais a riqueza financeira cresce. Trata-se da negociação pela apropriação das rendas que o sistema capitalista vai gerar no futuro.

E essa massa de capitais financeiros têm impactos na economia real e podem causar bolhas, crescimento e crises. Uma ação é precificada, não com base nos ativos reais e na produção da empresa hoje, mas com base na avaliação que se faz das rendas futuras que essa empresa vai distribuir sob a forma de dividendos. É por isso que os preços dos

ativos financeiros são muito voláteis, porque expressam expectativas e previsões sobre o futuro.

Um período de euforia com relação ao preço dos ativos pode levar mais empresas a captar na bolsa, o que pode incentivar o investimento produtivo e gerar emprego. No entanto, o excesso de otimismo leva ao endividamento daqueles que compram esses ativos financeiros. Quando o preço dos ativos caem, sobram as dívidas, aí tem-se uma crise financeira como a de 2008, que veremos no próximo capítulo.

Esse aumento nos ativos financeiros do sistema vem acompanhado de mudanças nas instituições e inovações financeiras. Os bancos que tradicionalmente tinham a função de emprestar e captar depósitos se tornam supermercados financeiros, passam a aplicar em muitos ativos diferentes e a captar de diferentes formas, aumentando o risco financeiro para a economia.

Os chamados investidores institucionais ganham relevância, pois passam a concentrar enormes massas de recursos financeiros, e suas decisões de investimento têm muito peso no mercado. Quem manda no capitalismo não são empresas produtivas como a Ford ou a Coca-Cola, nem mesmo empresas de tecnologia como a Google ou a Apple, mas essas grandes instituições financeiras controlam ações das empresas produtivas e tecnológicas cujos representantes sentam nos assentos de seus conselhos diretivos.

Assim, os mercados e os agentes financeiros se tornam cada vez mais importantes para a dinâmica econômica, se apropriam de uma parcela cada vez maior da renda e passam a ter cada vez mais poder político, capturando democracias mundo afora. Alguns autores definem esse aumento de importância e seus impactos como o fenômeno da financeirização e mostram como as elites financeiras passam a ter uma influência maior sobre a política econômica e os resultados econômicos no período da globalização.

O CONSENSO DE WASHINGTON E AS CRISES NA PERIFERIA DO CAPITALISMO

Os países da periferia do sistema capitalista entram na globalização, principalmente na década de 1990, pautados pelas orientações do Consenso de Washington. Esse termo faz referência não apenas à Casa Branca e ao poder americano, mas também a outras instituições sediadas na cidade de Washington, como o Fundo Monetário Internacional (FMI) e o Banco Mundial.

Trata-se da receita neoliberal para o desenvolvimento que deveria ser seguida pelos países da periferia do sistema. Nessa receita, estavam reformas e orientações de política econômica como disciplina fiscal, redução do tamanho dos Estados nacionais, privatização das estatais, liberalização financeira e desregulamentação da economia, abertura comercial e políticas para atração do capital estrangeiro.

Em resumo, trata-se de uma ruptura com os Estados desenvolvimentistas e suas grandes estatais, políticas protecionistas e restrições à entrada de capitais estrangeiros. Na América Latina, essas orientações foram adotadas no final dos anos 1980 e início dos 1990, com Collor no Brasil, Menem na Argentina e Carlos Andres na Venezuela, já o caso do Chile é precursor das reformas neoliberais adotadas, ainda nos anos 1970, na ditadura de Pinochet.

Países como Argentina, México e Brasil adotaram o Consenso de Washington juntamente com os planos de estabilização das economias que sofriam com a alta inflação. Os três países adotaram planos baseados na chamada âncora cambial que consistia em uma política de dólar barato para que a entrada de produtos estrangeiros pudesse inibir o reajuste de preços domésticos. Para isso, a abertura comercial era necessária, assim como a abertura financeira para atrair dólares e sustentar as crescentes importações de produtos estrangeiros. Nesse sentido, como veremos na Parte 3 do livro, o Plano Real não foi apenas um

plano de estabilização, mas uma reorientação da economia brasileira para uma lógica neoliberal.

Essa inserção de países periféricos na globalização por meio da adoção das políticas do Consenso de Washington resultou em crises sucessivas. A primeira delas foi a do México em 1994, seguida da crise Asiática em 1997, Rússia em 1998, Brasil em 1999 e por fim, Argentina em 2001.

O padrão dessas crises se repete nos vários países que passam por um ciclo de crescimento com entrada excessiva de capitais estrangeiros, endividamento externos de bancos, empresas e do governo e excesso de importação de produtos estrangeiros. No entanto, quando o cenário internacional muda, a fuga de capitais desvaloriza o poder de compra das moedas nacionais, gera quebradeiras de empresas e bancos, e moratória de governos. As primeiras crises da globalização acontecem na periferia e tomam forma de crises cambiais e financeiras e, em alguns países, crises bancárias e de moratória da dívida.

A partir dessas crises, países se tornam um pouco mais prudentes na inserção financeira internacional, passam a acumular reservas cambiais e a evitar atrelar o valor da moeda nacional ao dólar. Ficou explícito que a globalização financeira tem efeitos assimétricos e que existe uma hierarquia entre as moedas do sistema. As moedas dos países periféricos são demandadas nos momentos de otimismo em que os investidores buscam retorno e risco maiores. Esses são, em grande medida, investimentos especulativos e de curto prazo, dessa forma, quando o cenário muda, os investidores retiram seus recursos, provocando instabilidade e crises nesses países.

Com a abertura financeira, as taxas de juros dos países periféricos também ficam mais altas e respondem aos movimentos da taxa de juros do dólar, principal moeda que financia a especulação financeira na periferia. Vale lembrar que alguns países, como a China, não atenderam às orientações do Consenso de Washington, não foram alvo das crises econômicas dos anos 1990, e se inseriram na globalização mais por sua dimensão produtiva e comercial do que financeira.

PARA SABER MAIS

- O artigo "A retomada da hegemonia americana" (1985), da professora Maria da Conceição Tavares mostra a relação entre o choque de juros de 1979 e a nova função do dólar no sistema monetário internacional. Disponível em: https://centrodeeconomiapolitica.org.br/repojs/index.php/journal/article/view/1839/1825.
- O artigo "A desorganização dos anos 1970", de Frederico Mazzucchelli, caracteriza bem temas da primeira seção deste capítulo. Disponível em: https://edisciplinas.usp.br/pluginfile.php/5412578/mod_resource/content/1/A_Desorganizacao_dos_Anos_1970.pdf.
- O livro *Chutando a escada: a estratégia do desenvolvimento em perspectiva histórica* (Editora Unesp, 2004), do economista sul-coreano Ha-Joon Chang, mostra como os países ricos recomendam políticas que bloqueiam o desenvolvimento de países periféricos, chutando a escada pela qual eles ascenderam.
- Quem cunhou a expressão *Consenso de Washington* foi John Williamson. Esse economista tem um artigo em português que resume o tema, na *Revista de Economia Política*, intitulado "Reformas políticas na América Latina na década de 1980". Disponível em: http://www.rep.org.br/PDF/45-3.pdf.
- O terceiro episódio do documentário *Commanding heights: The battle of ideas* (Yergin, Daniel; Stanislaw, Joseph; BBC) descreve as reformas e as crises da globalização, entrevistando seus principais personagens históricos. Disponível em: https://www.youtube.com/watch?v=0ugpdfBXTsM.

CRISE DE 2008, PANDEMIA E TRANSFORMAÇÕES NA ORDEM INTERNACIONAL

Este capítulo lança um olhar sobre os movimentos recentes da economia internacional. Nele tratamos de tempos de mudança, da crise na forma de organização econômica da globalização e das mudanças de paradigma. Esse momento, onde o velho está morrendo e o novo ainda não pode nascer, é marcado pelos impactos de dois momentos históricos que desafiam o paradigma neoliberal: a crise financeira internacional de 2008 e a crise econômica e social decorrente da pandemia.

A CRISE DO NEOLIBERALISMO E DAS DEMOCRACIAS LIBERAIS

Com a queda do comunismo, o cientista político Francis Fukuyama indica o "fim da história" como um ponto final, no qual a humanidade alcança a paz com a forma ideal de organização política, as democracias liberais, e forma econômica, com as economias de mercado. No entanto, as promessas da globalização não foram entregues, os países centrais apresentaram um aumento contínuo da desigualdade de renda, baixo crescimento, relocalização produtiva para países de menor custo do trabalho e consequente redução do emprego, tudo isso gerou um grande descontentamento com importantes consequências políticas.

Segundo Joseph Stiglitz, prêmio nobel de economia, as promessas neoliberais de que a desigualdade não era um problema, pois todos seriam beneficiados por um sistema econômico mais eficiente, não ocorreram. Ao contrário, essas políticas minaram as democracias liberais por 40 anos e estão provocando, segundo o autor, o fim do neoliberalismo e o renascimento da história.

As contradições entre o neoliberalismo e a democracia liberal são exploradas em autores como Nancy Fraser, Dardot e Laval e Wendy Brown. Nas últimas décadas, o neoliberalismo dissolveu a solidariedade compartilhada pela sociedade, diluiu as responsabilidades dos Estados nacionais, e reinterpretou os direitos humanos, destacando o direito à propriedade e às liberdades individuais e reduzindo a importância dos direitos econômicos, sociais e culturais. Como resultado, tem-se uma perda de coesão social nas democracias liberais e uma descrença nas suas instituições. Como aponta a professora Wendy Brown, as democracias estão sendo desconstruídas por dentro e não por forças antidemocráticas de fora do sistema.

Esse descontentamento se expressa no recrudescimento do nacionalismo visto nos últimos anos, por exemplo, no aumento da participação de partidos nacionalistas ou de extrema-direita nos parlamentos dos principais países da Europa, no Brexit, que apresentou a porta de saída do Reino Unido da União Europeia, decidida em plebiscito. Ou ainda nos EUA, com a eleição de Donald Trump em 2016 com seu discurso nacionalista, protecionista e antiglobalizante.

Em perspectiva histórica, a crise financeira internacional de 2008 é um ponto de inflexão que marca o aumento das tensões sociais nos países centrais e um crescente questionamento dos paradigmas econômicos que sustentam as políticas neoliberais.

A CRISE FINANCEIRA INTERNACIONAL DE 2008

A crise financeira internacional que atingiu o mundo em 2008 é um daqueles eventos raros na história do capitalismo. Pela primeira vez, desde a Segunda Guerra Mundial, a média do crescimento global é negativa; trata-se da maior crise financeira que o capitalismo viveu desde a crise de 1929, descrita no capítulo 5.

Essa crise é um resultado direto das políticas de liberalização e desregulamentação financeira da globalização, fundamentadas na ideia de que os mercados teriam a capacidade de se autorregular. O entendimento da crise é complexo em razão da sofisticação do sistema financeiro americano onde tem origem, mas é possível pensá-la de forma intuitiva como resultado do estouro de uma bolha de preços que deixa um rastro de endividamento e falências.

A origem da crise está em um segmento do mercado de crédito imobiliário dos EUA: o *subprime*. Esse é o nome dado para as hipotecas (empréstimos para compra de imóveis) de baixa qualidade, onde o devedor não tinha histórico de crédito e um alto risco de inadimplência. Falava-se no crédito NINJA, uma sigla em inglês, para No Income, No Job, No Assets, ou seja, um sujeito não tinha renda, não tinha emprego, não tinha riqueza, mas conseguia acesso ao crédito para comprar uma casa.

Isso acontecia por dois motivos, primeiro porque os bancos que emprestavam não ficavam com o risco da operação. Esses créditos eram repassados para outras instituições por meio de títulos, ou seja, os bancos juntavam as hipotecas, empacotadas em um instrumento financeiro, e vendiam no mercado de capitais um produto que representava o risco e o retorno do conjunto de hipotecas. Como havia demanda por esses títulos, os bancos emprestavam mais sem se preocupar, afinal o risco estava sendo repassado para o mercado de capitais.

A qualidade desses produtos era avaliada pelas agências de riscos, empresas privadas contratadas pelos próprios bancos para dizer se o produto vendido era bom ou ruim. Evidentemente, havia um conflito de interesses latente e as agências tendiam a dar boas notas (ou *ratings*) para ativos de qualidade duvidosa. Enquanto isso, o banco central americano dormia no ponto apoiado na ideia de que o mercado podia se autorregular.

O outro motivo pelo qual os bancos emprestavam mais e mais para compra de imóveis era que o preço dos imóveis estava subindo. Nos EUA os imóveis podem ser dados como garantia para os empréstimos e os bancos têm facilidade em despejar as famílias do imóvel em caso de não pagamento. Dessa forma, enquanto o preço dos imóveis crescia estava tudo bem, pois se o cliente não conseguir pagar o empréstimo, o banco toma o imóvel dessa pessoa e vende a um valor maior do que o da dívida.

Formou-se um círculo vicioso: quanto mais os bancos emprestavam, mais o preço dos imóveis crescia, aumentava a demanda por títulos no mercado de capitais e, então, os bancos emprestavam mais. Entre 2001 e 2006 o preço dos imóveis americanos, em média, dobrou. Era uma bolha de preços.

No entanto, esse fenômeno financeiro também tem efeitos reais: de olho no aumento do preço, o setor de construção civil começou a produzir mais imóveis. Essa produção foi tanta que, em determinado momento, tinha mais imóvel para venda do que gente comprando. Assim, quando os preços começaram a baixar, os bancos reduziram os novos empréstimos e começaram a cobrar dos clientes que sabiam, desde o início, que não tinham capacidade de pagar. Consequentemente, com menos crédito, os preços começam a baixar mais. Os bancos então começam a despejar as famílias e vender os seus imóveis, o que aumenta ainda mais a oferta de imóveis à venda e reduz ainda mais o seu preço: era o estouro da bolha imobiliária.

COMO COMEÇOU A CRISE DE 2008
PRECISO DE UM EMPRÉSTIMO PARA COMPRAR UMA CASA.
AQUI ESTÁ, MAS SE NÃO PAGAR, PEGO A CASA.
NINJA
NO INCOME
NO JOB
NO ASSETS
EMPRÉSTIMO
HIPOTECA
BANK
VOU EMPACOTAR ESSAS HIPOTECAS E VENDER COMO UM PRODUTO FINANCEIRO. ASSIM O RISCO NÃO FICA COMIGO.
BANK
MERCADO FINANCEIRO
INVESTE
DONO DA CASA
QUANTA DEMANDA POR CASA
VOU SUBIR O PREÇO!
COMO QUE VOU PAGAR A HIPOTECA?
QUANTA DEMANDA POR CASA!
VOU CONSTRUIR MAIS!
CONSTRUTORAS
ALGUNS ANOS DEPOIS...
JÁ QUE NÃO CONSEGUE PAGAR A HIPOTECA, SAI DA CASA!
E VOU COLOCAR A VENDA...
BANK
VENDE-SE
MUITA OFERTA DE CASA! MELHOR DIMINUIR O PREÇO.
AS PESSOAS NÃO PAGAM SUAS HIPOTECAS, OS PREÇOS DOS IMÓVEIS ESTÃO CAINDO, ESSES INVESTIMENTOS NÃO VALEM MAIS NADA!
POP
MERCADO FINANCEIRO
E O ESTOURO DA BOLHA IMOBILIÁRIA SE TORNA UMA CRISE FINANCEIRA GLOBAL.

No mercado de capitais, os investidores se apressam a vender os títulos e a sacar o dinheiro de fundos imobiliários. Então, as agências de riscos rebaixam a nota dos títulos financeiros, levando a mais vendas e saque de fundos.

O movimento de resgates dos cotistas de fundos e a queda do preço dos títulos levou à quebra de instituições financeiras. Uma dessas, o banco Lehman Brothers, era grande demais para quebrar. O preço das ações do banco que tinha sobrevivido à crise de 1929 vai a zero e a instituição decreta falência, deixando correntistas e credores em maus lençóis.

A partir da quebra do Lehman, em setembro de 2008, a crise que se inicia em um segmento específico do mercado financeiro americano, ganha uma dimensão global. O pânico se instala no mercado financeiro internacional, pois não se sabia quem seria o próximo a quebrar, quem tinha a carteira recheada de títulos podres e quem tinha feito apostas no chamado mercado de derivativos.

Rapidamente, a economia global foi afetada pela crise por meio de quatro canais. O primeiro era o da fragilidade financeira, ou seja, instituições de outros países também haviam comprado os títulos podres ou estavam interligadas com o sistema financeiro americano por meio de relações de crédito. Essa rede de relações financeiras promove quebradeiras corporativas na Europa e em outros lugares do mundo.

Outro canal que espalha a crise americana é o dos fluxos de capitais internacionais, que se reduzem drasticamente. No Brasil, por exemplo, os exportadores não conseguiam mais financiamento externo para a sua produção e o Banco Central brasileiro interveio vendendo dólares das nossas reservas para exportadores, para assim reduzir o impacto no setor.

Um terceiro canal de transmissão é das expectativas dos agentes, uma vez que empresários engavetam planos de investimento diante da incerteza provocada pela crise, o que afeta emprego e renda. E, por fim, o comércio exterior é outro canal que leva a crise financeira a afetar a economia global. Quando os bancos param de dar crédito, famílias param de consumir e empresas param de investir, a demanda por produtos estrangeiros despenca.

No plano da política econômica, a ação dos governos em resposta à crise foge ao receituário tradicional. Percebendo a gravidade da crise, o banco central americano injetou trilhões de dólares no sistema por meio de empréstimos, compra de ativos podres e outros títulos: é o chamado afrouxamento monetário que evita o colapso do sistema de pagamento americano, como ocorreu em 1929. Apesar da atitude enérgica para salvar o sistema financeiro, as consequências sociais da crise são graves, assim como a timidez do governo em enfrentá-las.

O aumento das tensões sociais causado pela crise também abala o paradigma neoliberal. O questionamento das desigualdades sociais passa a ter relevância no debate público junto com a agenda ambiental. Além disso, ganha impulso desde 2008 uma ampla discussão sobre a

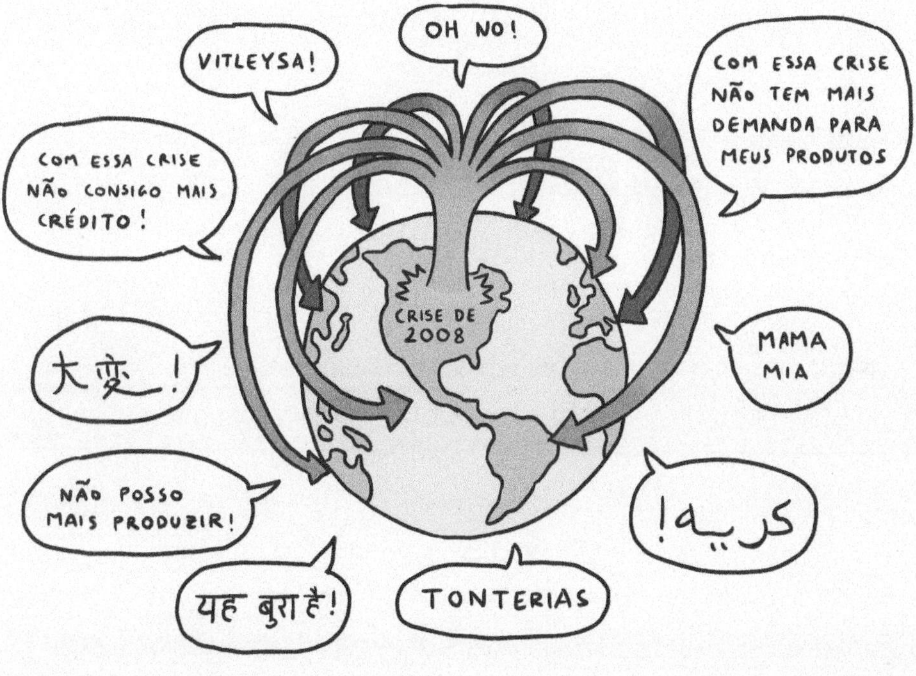

renda básica universal em um cenário de desemprego, subemprego e de transformações tecnológicas.

Mesmo instituições como o FMI passam a abrigar um debate que questiona as recomendações antigas da própria instituição e passam a valorizar, por exemplo, a regulação financeira, o uso anticíclico da política fiscal e os controles de fluxos de capitais financeiros. Um texto para discussão da instituição faz mea-culpa e argumenta que essa pode ter superestimado o neoliberalismo e que em vez de gerar crescimento, algumas políticas neoliberais aumentaram a desigualdade, colocando em risco a expansão duradoura. Nesse contexto, a pandemia de Covid-19 acelera transformações que já estavam em curso no que se refere às concepções de política econômica e ao papel do Estado na economia.

AS LIÇÕES DA PANDEMIA

A pandemia pode marcar uma inflexão, daquelas que movem paradigmas e estabelecem novos padrões de relação entre Estado, mercado e sociedade. Trata-se de um momento histórico específico, único e raro, no qual a sociedade se mobiliza em torno de um propósito comum e a capacidade das instituições estabelecidas é testada.

Em muitos países, as décadas de reformas neoliberais reduziram a capacidade de enfrentamento da pandemia e seus impactos. O desfinanciamento dos sistemas de saúde pública reduz a capacidade de atendimento de infectados e de provisão de vacinas; os mercados de trabalho flexíveis favorecem demissões em massa; a desconstrução de redes de proteção social dificultam o envio de recursos para a população desempregada e desamparada; a ausência de instrumentos de políticas industriais e tecnológicas desfavorece o fornecimento de equipamentos e insumos para o combate à doença; o desmonte dos bancos públicos dificulta o direcionamento de crédito para empresas e famílias; a desregulamentação financeira alimenta processos de fuga de capitais e a ameaça de amplificar a crise econômica; e a rigidez nos orçamentos públicos atrasam a resposta da política econômica e provocam incertezas jurídicas sobre as possibilidades de atuação do Estado. Todos esses elementos somados à distribuição desigual da riqueza tornam dramática a situação dos grupos mais vulneráveis da sociedade.

Apesar disso, em maior ou menor grau, Estados nacionais assumiram um papel importante ao mobilizar instrumentos para garantir salário e emprego para os trabalhadores formais, renda para trabalhadores informais e desempregados, recursos para as empresas, estabilidade para o sistema financeiro e um amplo conjunto de medidas voltadas para o combate à pandemia que vão desde a estatização temporária de hospitais privados, até o controle de preços e do comércio internacional de bens estratégicos na área de saúde.

Alguns governos também redescobriram o seu papel como indutor da produção e da distribuição de recursos, forçando a mudança produtiva de setores industriais: indústrias de tecido passam a produzir máscaras e outras vestimentas médicas, a indústria automobilística se dedica à produção de peças e equipamentos para o respirador mecânico, a indústria de bebidas se volta para a produção de álcool em gel, além de outros exemplos.

O manejo do orçamento público deixou de seguir o receituário ortodoxo e os limites para o financiamento do gasto público deixaram de existir. Economistas que diziam que o dinheiro do governo tinha acabado, abandonaram seus dogmas ou viraram caricaturas. O FMI recomendou aumentar o déficit fiscal sem preocupações com a dívida pública.

No debate internacional, a ideia de austeridade fiscal fica cada vez mais desacreditada, o *Financial Times* anuncia que a austeridade foi enterrada e aponta mudança de consenso e substituição da ortodoxia pelo ativismo fiscal. Segundo o editor do jornal, a austeridade semeou as sementes de sua própria destruição e o clima político e público se encaixa em uma nova economia.

Essas mudanças na concepção da política econômica aparecem nos planos de recuperação anunciados na Europa e nos EUA. Na União Europeia, o plano Next Generation EU (NGEU) se apresenta como o maior e mais abrangente pacote econômico da história do continente. Trata-se de um plano de 750 bilhões de euros em subsídios e empréstimos que serão operados entre 2021-2023, financiado pela emissão de dívida pública.

O objetivo do NGEU é reparar danos econômicos e sociais da pandemia, mas também preparar um futuro melhor para a próxima geração de europeus. Nesse sentido, o plano visa promover a transição verde e digital, políticas sociais destinadas ao bem-estar da população, além de investimento em infraestrutura e novas tecnologias.

No caso dos EUA, o presidente Joe Biden recupera a retórica do New Deal, discutido no capítulo 5, e propõe três planos de recuperação. O primeiro é o *American Rescue Plan*, um estímulo de 1,9 trilhão de dólares para a economia com recursos para, dentre outros objetivos, investimentos em saúde, educação, alimentação, habitação, transferências de renda para as famílias e para pequenas empresas e proteção de empregos com atenção especial para determinados grupos sociais, como a população negra, com objetivo de reduzir as disparidades sociais causadas pela pandemia. Além desse plano, houve a proposta de dois outros planos que foram esvaziados pelo congresso americano: o *American Jobs Plan* e o *American Families Plan*. Segundo a própria Casa Branca, "esse é o momento para reimaginar e reconstruir uma nova economia".

Por fim, a pandemia traz pelo menos três lições específicas e um aprendizado geral. Primeiro, os Estados nacionais devem investir maciçamente em saúde pública para se preparar para outros eventos dessa proporção. Segundo, as estruturas produtivas e tecnológicas nacionais devem ter apoio público para o desenvolvimento de setores estratégicos, uma vez que o suposto livre comércio internacional não garante o abastecimento de produtos estratégicos para situações como a pandemia. E, terceiro, é necessário aprimorar os mecanismos de assistência social e, para isso, a renda básica universal temporária pode ganhar status de permanente em muitos países.

Por fim, a lição geral é que se o Estado pode, por meio de solidariedade social e esforço coletivo, mobilizar recursos para vencer os desafios dados pela pandemia, pode também garantir plenamente os direitos humanos, vencer mazelas sociais como a miséria, a falta de moradia, o desemprego, desafios ambientais etc.

PARA SABER MAIS

- Dentre os diversos artigos sobre a crise americana, o economista Ernani Teixeira Torres Filho descreve os instrumentos financeiros que levaram à crise em *Entendendo a crise do subprime* (2008). Disponível em: https://nodocuments.files.wordpress.com/2010/10/filho-ernani-teixeira-torres-entendendo-a-crise-do-subprime.pdf. *A* visão oficial americana sobre a crise aparece na declaração de Ben Bernanke, de 2010, diante da Comissão de Inquérito à Crise Financeira. E uma visão marxista sobre a crise está presente no artigo de Peter Gowan, intitulado "Crisis in the Heartland: consequences of the New Wall Street System" (*Estudos Avançados* 23 (65), 2009. Disponível em: https://www.scielo.br/j/ea/a/5yWY4w63f87pZ7jk5LjqgTD/?format=pdf&lang=en).
- Para entender as mudanças no interior do paradigma econômico provocado pela crise, ver duas publicações do FMI. Uma delas de autoria de Olivier Blanchard, Giovanni Dell'Ariccia e Paolo Mauro, "Rethinking macroeconomic policy" – disponível em: https://www.imf.org/external/pubs/ft/spn/2010/spn1003.PDF; a outra publicação é de autoria de Jonathan D. Ostry, Prakash Loungani e Davide Furceri, intitulada "Neoliberalism: oversold", disponível em: https://www.imf.org/external/pubs/ft/fandd/2016/06/pdf/ostry.pdf.
- O cinema nos ajuda a entender a crise com o filme *A grande aposta* (2016), que mostra elementos da crise de 2008, como o mercado imobiliário, as agências de risco, as inovações financeiras como os derivativos, dentre outros.
- Já o documentário *Trabalho interno* (Inside Job, no original, 2010), vencedor do Oscar, mostra os bastidores da crise e o papel de economistas que legitimam a desregulamentação dos mercados que causou a crise.
- Outro filme sobre a crise é *Grande demais para quebrar* (Too Big to Fail, no original, 2011) que revela os momentos mais graves da crise americana pelos olhos dos seus principais personagens, como Bernanke, o presidente do Banco Central, e Henry Paulson, secretário do Tesouro. Trata de como essa crise se desenvolveu e apresenta o erro da quebra do Lehman Brothers.

PARTE 3

SUBDESENVOLVIMENTO, NEOLIBERALISMO E TRANSFORMAÇÃO SOCIAL NO BRASIL

SUBDESENVOLVIMENTO, INDUSTRIALIZAÇÃO E NEOLIBERALISMO:

A economia brasileira no século XX

O Brasil passou por transformações profundas no século XX, principalmente no que tange à modificação da sua estrutura produtiva. De um país marcadamente agrário e exportador, em poucas décadas o Brasil já contava com uma vigorosa indústria de bens de consumo duráveis e, já na segunda metade do século, estava em vias de consolidar uma indústria de bens de capital. O papel do Estado nacional foi determinante e se manifestou em maior coordenação política dos rumos de um modelo de desenvolvimento com centralidade na industrialização.

No entanto, em que pese a acelerada urbanização e industrialização, as características mais seculares do subdesenvolvimento, que vimos no capítulo 4 deste livro, seguiram nos acompanhando, uma vez que ficaram pendentes as reformas estruturais, especialmente aquelas que contribuíram para uma maior desconcentração da renda e do acesso à terra. A adesão ao neoliberalismo no fim da década de 1980 reforçou nossos problemas estruturais, na medida em que desindustrializou nossa estrutura produtiva e consolidou as desigualdades sociais e regionais.

A história do Brasil no século XX começa com um modelo de desenvolvimento agroexportador, passa pelo desenvolvimentismo e termina no neoliberalismo: é o que veremos de forma panorâmica neste capítulo.

ORIGENS E CONSOLIDAÇÃO DA INDUSTRIALIZAÇÃO BRASILEIRA

A industrialização brasileira tem início em meados do século XIX, mas até a década de 1930 a variável determinante para o crescimento econômico eram as exportações de produtos primários. Celso Furtado conceitua esse período como de "industrialização induzida" pelo crescimento das exportações. Ou seja, havia indústria mas essa dependia do dinamismo do setor exportador e era incapaz de gerar a sua própria demanda. Por exemplo, a indústria têxtil crescia mas era induzida especialmente pela exportação de café, que demandava a produção de sacos de tecido para os embalar.

Enquanto a industrialização brasileira não fosse autônoma, ou seja, independente da indução das exportações, a economia brasileira seguia reflexa às decisões tomadas nos países centrais, por mais ou menos consumo de bens primários, especialmente o café que naquele período era o motor das exportações brasileiras.

Acontece que ventos externos contribuíram para mudar esse cenário. Com a Primeira Guerra Mundial e, posteriormente, com a grande Crise de 1929 e a Depressão dos anos 1930, o comércio internacional sofreu um revés. Tanto a demanda por produtos brasileiros se contraiu, quanto a oferta global de mercadorias que o Brasil importava se desorganizou. Nesse contexto, a crise internacional acabou sendo o estímulo para uma inflexão na estrutura produtiva brasileira, garantida por políticas públicas encaminhadas pelo governo Getúlio Vargas.

Como passou a ser mais difícil importar e como já havia uma certa dinâmica industrial anterior, a partir da crise a acumulação de capital antes baseada nas exportações de café, deslocou para o mercado interno dando início a uma nova fase, denominada de "substituição de importações" em que a indústria não era mais determinada pela expansão do setor exportador, mas pelo crescimento da renda no próprio setor industrial.

Era o que Celso Furtado chamou de deslocamento do centro dinâmico da economia brasileira, que deixou de concentrar-se no setor agroexportador, ditado desde "fora", para centrar-se no mercado interno, a partir de "dentro". No entanto, a indústria seguiu dependente da capacidade para importar máquinas, equipamentos e insumos para a atividade industrial, o que foi identificado como uma fase de "industrialização restringida".

A partir dos anos 1950, a industrialização brasileira vai deixando seu caráter restringido e adentrando uma fase de industrialização pesada, em que se consolida a indústria de base e de bens de capital. Ou seja, a formação daquelas indústrias que criam máquinas e insumos que serão utilizados pela indústria de transformação, contribuindo para uma maior autonomia industrial do país. Nesse contexto, o país passa a ser exportador também de produtos manufaturados.

Vale lembrar que houve muita mobilização popular, ainda nos anos 1940, para que importantes setores da indústria de base fossem controlados pelo Estado porque eram estratégicos para o desenvolvimento. O caso mais emblemático foi a campanha *O petróleo é nosso*, e o petróleo sendo explorado, refinado com controle estatal garantiu que as fábricas aqui instaladas pudessem reduzir seus custos de produção e utilizar esse insumo pagando em moeda nacional, ou seja, substituindo o que antes também eram importações.

A criação da Petrobras, da Eletrobras, da Companhia Siderúrgica Nacional (CSN) configuram, então, elementos importantes nesse processo, assim como o Plano de Metas no governo Juscelino Kubitschek (JK) que, a partir da coordenação e planejamento estatal, atuou sobre gargalos importantes, como o setor de energia, transporte e infraestrutura, sob a liderança das empresas estatais.

A ditadura militar, em que pese ter sido altamente regressiva para os direitos políticos e sociais, deu prosseguimento ao processo de industrialização, porém com a característica de acentuar as desigualdades sociais e a degradação ambiental. Para garantir o sucesso do novo motor do desenvolvimento – a indústria de bens de consumo duráveis, tipicamente de uso da classe média – houve um processo de achatamento dos salários na base da pirâmide social. Assim, as elevadas taxas de crescimento econômico do período conviveram com contínuos aumentos no nível de desigualdade social e regional.

O fato é que, mesmo que o Brasil tenha se tornado uma economia moderna e industrializada, os elementos mais característicos do subdesenvolvimento não foram rompidos, mostrando que a modernização produtiva era uma condição necessária, porém não suficiente para tanto. Faltou conjugar as mudanças do lado produtivo da economia com as reformas da base.

CRISE EXTERNA DOS ANOS 1980

A economia brasileira, no entanto, como uma economia dependente e periférica, é particularmente vulnerável às ações tomadas pelos países de capitalismo central. Assim, nossa trajetória de crescimento com avanço na industrialização começa a sofrer um revés a partir do primeiro choque do petróleo, em 1973, mas – e principalmente – com o choque de juros americano de 1979.

Como vimos no capítulo 7 deste livro, os EUA viviam uma crise da sua hegemonia desde os anos 1960 e decidem apostar em uma ação abrupta que foi elevar a sua taxa básica de juros em 1979 para retomar o controle sobre os capitais que estavam dispersos pelo mundo. Essa ação não somente elevou substancialmente os juros e causou uma drenagem dos capitais do resto do mundo para o sistema financeiro norte-americano mas, também, tornou o dólar muito caro em relação às demais moedas.

Com isso, os juros da nossa dívida externa aumentaram e a valorização da moeda americana tornaram-na praticamente impagável. Não somente a dívida brasileira, mas de outros países da América Latina que, assim como o Brasil, se endividaram com capitais estrangeiros para financiar as importações necessárias para os seus projetos de desenvolvimento. O Brasil, particularmente, se endividou para realizar o segundo Plano Nacional de Desenvolvimento (II PND), que tinha a ambição de completar a industrialização brasileira trazendo alguns elos que ainda faltavam na nossa estrutura produtiva.

Para lidar com esse cenário adverso dos anos 1980, o Brasil tomou um caminho de crise, desemprego e inflação. Na prática, o país que antes absorvia produtos importados agora reorganizou sua economia para exportar, conseguir dólares e pagar sua dívida e os juros dela. A política econômica nesse período traduziu-se no esforço de conseguir dólares, por meio de políticas de redução às importações e aumento das

exportações de forma a obter "superávits comerciais". Para tanto, adotou-se um receituário de política econômica recessiva, com o objetivo de desaquecer a demanda interna e desvalorização da taxa de câmbio e dos salários, além de outras medidas recessivas que atendem às condicionalidades de obtenção de financiamento externo.

Nesse contexto, a década de 1980 marca uma estagnação econômica e o esgotamento de um padrão de crescimento. A redução dos investimentos públicos e privados, somada com redução das importações, mais uma vez pelo esforço de fazer superávits comerciais para ir pagando e amortecendo as dívidas, logrou um enorme atraso tecnológico ao Brasil, que foi perdendo posições na corrida produtiva internacional, justamente no período em que se consolidava a tecnologia da Terceira Revolução Industrial, vista na parte 2 deste livro. A reorientação do padrão de crescimento para compatibilizá-lo com a restrição externa é feita de forma a desarticular aquele que foi o padrão de desenvolvimento por décadas no qual o investimento público e as estatais tinham um papel indutor do crescimento privado. Era o início do fim do ciclo desenvolvimentista.

COMBATE INFLACIONÁRIO E O PLANO REAL

Juntamente com a crise econômica, os anos 1980 foram marcados pela altíssima inflação que assolou o país, prejudicou os mais pobres e desorganizou a economia. Enquanto nos anos 1970, a inflação rondava os 30 e 40% ao ano, no início dos anos 1980 salta para a casa dos 100% e, em 1983, com a maxidesvalorização cambial do cruzeiro promovida por Delfim Netto, salta para a casa dos 200%.

Na interpretação ortodoxa, essa inflação é um fenômeno monetário que requer ajustes contracionistas na oferta de moeda e no déficit público. Esses ajustes foram tentados no início dos 1980, o que só agravou a crise e não resolveu o problema inflacionário. Diante do fracasso da tese ortodoxa para a inflação brasileira, foi aberto um rico debate na década de 1980 sobre as causas da inflação.

Na interpretação "inercialista", a inflação era contaminada pela inflação passada, isso garantia a sua inércia e persistência no tempo. Empresas e indivíduos buscam se proteger da inflação ao aumentar seus preços olhando para trás, ou seja, com base na inflação passada. Logo, após um choque inicial, a inflação tende a ser realimentada automaticamente por conta do hábito das pessoas em reajustar preços e dos contratos indexados à inflação passada. É a inflação "inercial".

O conflito distributivo é outra teoria de causa da inflação e se refere à disputa entre trabalhadores e capitalistas pela distribuição da renda nacional. Diante da inflação, os trabalhadores reivindicam maiores salários. Contrariados, os patrões atendem ao pedido mas aumentam os preços dos seus produtos repassando o aumento de custo para os consumidores. Por sua vez, os trabalhadores vão ao supermercado e identificam o aumento da inflação levando a mais demandas por aumento salarial o que se traduz em uma espiral inflacionária.

Na Unicamp, economistas como Maria da Conceição Tavares e Luiz Gonzaga Belluzzo argumentam que a inflação brasileira não apenas era "inercial" mas estava ligada aos nossos problemas estruturais. A restrição externa gerava desvalorização da taxa de câmbio e alimentava a inflação brasileira, o que se refletia em aumentos da taxa de juros de curtíssimo prazo. Essa taxa de juros protegia o capital dos efeitos da inflação e era referência para os reajustes de preços dos capitalistas. Essa era a tese da "financeirização dos preços".

A partir do diagnóstico da inflação inercial uma série de planos de estabilização buscaram resolver a inflação brasileira. O Plano Cruzado (1986) foi o primeiro a aplicar o congelamento de preços como instrumento, seguido dos Planos Bresser (1987), Plano Verão (1989) e Plano Collor (1990). Esse último plano ainda inova ao bloquear ativos financeiros da população e das empresas.

Todos esses planos fracassaram, uma vez que o congelamento de preços represava uma estrutura de preços desalinhada: quando os preços eram congelados, alguns empresários tinham reajustado preços no mesmo dia, mas outros o fizeram na semana anterior. Assim, o tabelamento de preços prejudicava alguns setores e empresários que, insatisfeitos, começavam a burlar o congelamento. Produtos somem das prateleiras e se formam mercados paralelos de produtos como leite, carne e remédios. Quando o plano dava errado, os preços represados disparavam e novos patamares de inflação eram alcançados. Em 1990, logo após o fracasso do Plano Collor, a inflação passa de 1700% ao ano.

O governo Collor ainda trazia outra novidade seguida pelo governo de Fernando Henrique Cardoso (FHC): um novo modelo de inserção externa da economia brasileira em acordo com as ideias do Consenso de Washington, discutidas na parte 2 deste livro. As reformas neoliberais foram pré-condições para o Plano Real mas eram também o seu propósito. O objetivo do Plano Real era mais amplo do que o combate à inflação pois institui uma transformação na economia brasileira que passa a ser guiada por um modelo de desenvolvimento neoliberal.

Nessa lógica, a abertura comercial iria promover um choque de competição na economia brasileira, aumentando a produtividade, e a abertura financeira tinha objetivo de atrair capitais estrangeiros. Além disso, o objetivo era estabelecer uma nova política industrial para eliminar subsídios, desregulamentar e expor a indústria à competição internacional. Por fim, as privatizações visam reduzir a atuação estatal, inicialmente nos setores de siderurgia, fertilizantes, petroquímica e no setor bancário.

A estabilização de preços promovida pelo Plano Real dependia de uma âncora cambial, ou seja, de um política que mantinha o preço do dólar fixo e barato e assim permitia a entrada de produtos estrangeiros que competem com produtos nacionais e "ancoram" os aumentos de preços desses. Notem que para funcionar, a âncora cambial precisava de abertura comercial, caso contrário os produtos estrangeiros não entrariam, e sua sustentação dependia de dólares que eram atraídos com a abertura financeira, com privatizações e com os juros altos. Os juros nesse período alcançaram valores altíssimos para atrair o capital finan-

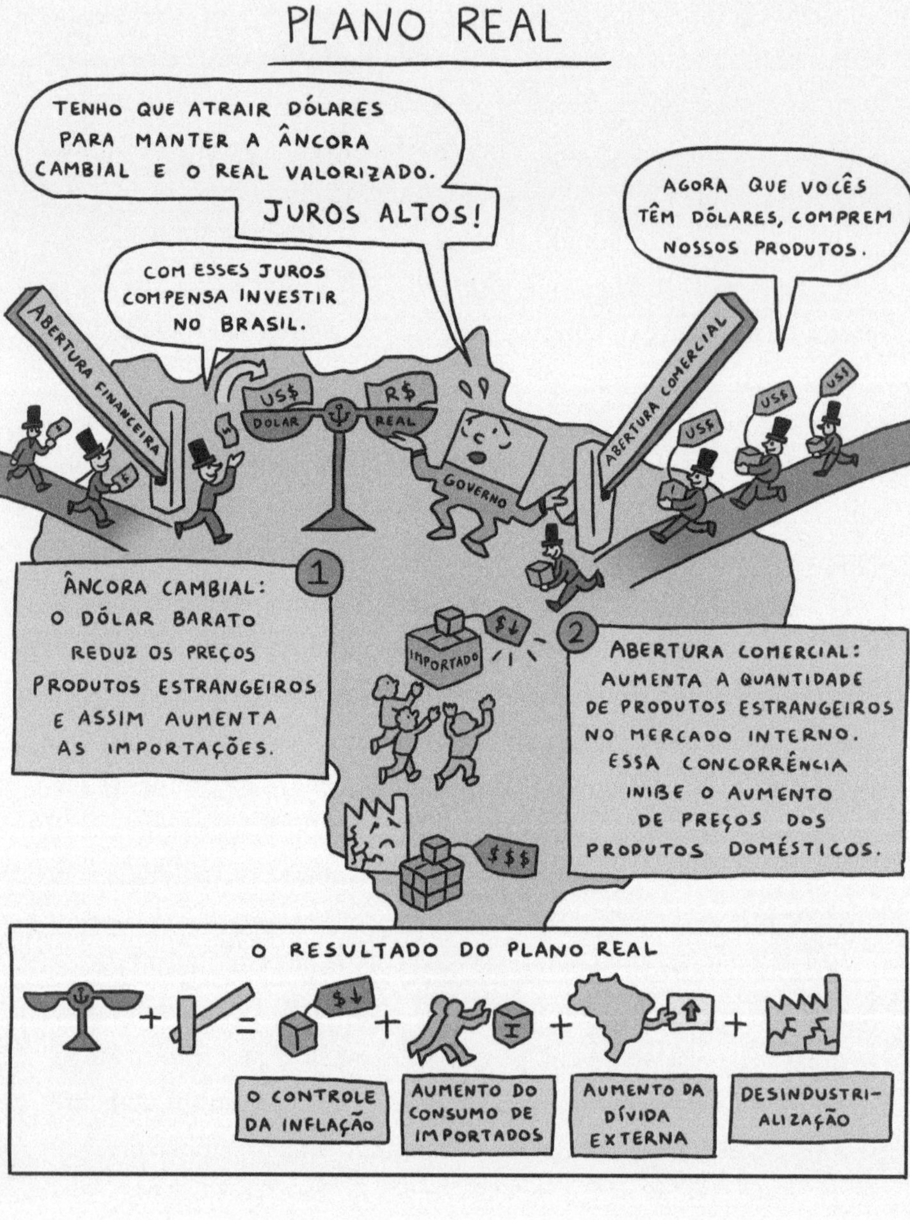

ceiro internacional, tornando diversas dívidas no país impagáveis, levando empresas e famílias à falência.

Assim, em um contexto de disponibilidade de financiamentos externos, o Brasil fez sua estabilização de preços e ao mesmo tempo inaugurou um modelo econômico neoliberal, assim como fizeram Argentina, México e outros países latino-americanos.

O Plano Real fez uso de um instrumento alternativo ao congelamento de preços. Antes do real entrar em circulação, foi implementada a Unidade Real de Valor (URV), uma unidade de conta referenciada no dólar que serviu como farol para atualização dos preços. O objetivo era incentivar reajustes de preços em cruzeiro tendo a URV como referência e assim fortalecê-la como unidade de conta do sistema. Em determinado momento, a URV deixou de ser apenas uma unidade de conta e se tornou uma moeda física, o real, e a moeda antiga, o cruzeiro real, sai de circulação.

O plano teve um amplo sucesso na estabilização de preços, mas um alto custo econômico e social. A âncora cambial, a rápida abertura comercial e o dólar valorizado limitam o crescimento, quebram empresas e setores produtivos nacionais, reduzem as exportações e aumentam as importações. O país passou a importar muito mais do que exportava, um desequilíbrio contornado temporariamente com uma taxa de juros extremamente alta para atração de dólares. Em 1998, esses desequilíbrios levaram FHC ao FMI para pedir cerca de 40 bilhões de dólares emprestado e assim garantir a sobrevivência da âncora cambial e sua reeleição. No entanto, em janeiro de 1999, a âncora cambial se torna insustentável e o país vive uma crise com a desvalorização da taxa de câmbio e o início da vigência do tripé macroeconômico.

PARA SABER MAIS

- Antônio Correa de Lacerda e outros autores publicaram *Economia brasileira* (Saraiva, 2010), um manual acessível sobre o tema.
- O livro *Desenvolvimento em crise: a economia brasileira no último quarto de século* (Editora Unesp, 2002), de Ricardo Carneiro, faz uma análise aprofundada da economia brasileira. A parte 2 e 3 dialogam diretamente com o capítulo, apresentando a crise da dívida, a hiperinflação, a globalização e os planos de estabilização.
- No livro *Brasil: a construção interrompida* (Paz e Terra, 1992), Celso Furtado faz uma avaliação das transformações no capitalismo global nos anos 1980 e 1990 e aponta como a crise da dívida e a inserção subordinada na globalização produtiva e financeira representaram um bloqueio no desenvolvimento brasileiro.
- Sobre o período do governo Vargas, Pedro Paulo Zaluth Bastos e Pedro César Dutra Fonseca escreveram o livro *A era Vargas: Desenvolvimentismo, economia e sociedade* (Editora Unesp, 2011).

CRESCIMENTO E DISTRIBUIÇÃO NOS GOVERNOS LULA E DILMA

Durante os governos Lula e Dilma, o Brasil experimentou uma inédita combinação histórica de crescimento econômico com distribuição de renda. Na verdade, a própria distribuição, por meio dos aumentos do salário mínimo e das políticas sociais, foi alavanca para o crescimento ao incluir brasileiros no mercado consumidor e consolidar o chamado mercado de consumo de massa. Esse modelo de crescimento distributivo será explicado neste capítulo com base em ideias do Celso Furtado, discutidas no capítulo 4. Vamos apontar, também, os limites e desafios deste modelo e explicar a crise de 2015, resultado de um choque recessivo na economia brasileira.

DISTRIBUIÇÃO GERA CRESCIMENTO

A ideia da distribuição de renda como geradora de crescimento esteve no centro do modelo econômico dos governos do Partido dos Trabalhadores (PT) e foi explicitada no programa de governo do partido em 2002. Trata-se de estimular o mercado interno por meio do chamado mercado de consumo de massa. Ou seja, aumentar o mercado interno de forma a incluir uma parte da população e assim criar demanda para as empresas que, por sua vez, aumentam a escala de produção, ganham produtividade e geram crescimento e emprego.

Essa ideia está muito presente nos livros de Celso Furtado, que nos ensinam que a exclusão da população mais pobre do mercado consumidor restringe o mercado interno e assim o desenvolvimento e a modernização produtiva e tecnológica. A concentração de renda é, portanto, um problema, e a saída é ampliar e massificar o mercado de consumo doméstico. Há aqui uma visão de desenvolvimento enquanto intenção política. Ou seja, o desenvolvimento não é resultado da livre concorrência e da espontaneidade das forças de mercado, mas deve ser induzido por políticas públicas.

Durante os governos do PT, a formação do mercado de consumo de massa se sustentou em dois pilares: o primeiro é a distribuição de renda, promovida por políticas de transferências, e aumento de salários; o segundo é o estímulo à inclusão bancária e ao crédito para as famílias. Essa estratégia de desenvolvimento se verificou em quatro diferentes frentes:

- Na política de aumento do salário mínimo, que apresentou crescimento real de 70% ao longo dos governos petistas, elevando os rendimentos do trabalho e contribuindo para a redução da desigualdade.
- Nas políticas de transferências de renda, tanto com o aumento do valor dos benefícios da previdência e seguridade social (em grande medida vinculados ao salário mínimo), quanto com a criação de programas de transferência como o Bolsa Família.
- Nas políticas de facilitação do crédito às famílias e empresas, dentre as quais se destacam o crédito consignado, a ampliação do microcrédito, do crédito habitacional e a expansão do crédito dos bancos públicos, em particular após a crise de 2008.
- No aumento do volume de despesas públicas na área social, que passaram de 21,9% em 2005 para 25,2% do PIB em 2010, que

representam renda indireta para os mais pobres, possuem um elevado efeito multiplicador e contribuem para geração de empregos formais e informais.

Essas políticas foram responsáveis pela redução da pobreza e da miséria e, com o aumento da renda e do crédito, o consumo de bens duráveis cresceu rapidamente, fazendo com que aumentasse a parcela da população com acesso a bens e serviços, especialmente os bens de consumo duráveis (telefone, televisão, fogão, geladeira, rádio e máquina de lavar).

Dessa forma, nesse período, verificou-se uma ampla modernização do padrão de consumo da população brasileira. Essa nova configuração da demanda teve grande impacto no mercado de trabalho, no qual se observa uma redução substantiva do *subemprego* (uma das características clássicas do subdesenvolvimento apontadas por Furtado), uma queda significativa na taxa de desemprego e aumento do emprego formal. Ao mesmo tempo, as profundas mudanças na estrutura de demanda e no mercado de trabalho também foram acompanhadas de transformações do lado da oferta, com ampliação do investimento produtivo em taxas mais altas do que o crescimento do consumo.

A queda do desemprego, a ampliação da renda e do crédito, a criação de um mercado de consumo de massa, a redução de desigualdades, a expansão do investimento e de diversos indicadores sociais evidenciam o sucesso da estratégia distributivista ao longo dos primeiros oito anos de governo petista. A aprovação recorde do governo Lula é um reflexo desse período de crescimento com distribuição.

Esse período único da história brasileira desbanca mitos sustentados no debate público e mostra que é falsa a tese difundida no período da ditadura militar de que é preciso aguardar crescer o bolo para depois distribuir. Não há dilema que nos impõe escolher entre crescer ou distribuir, entre aumentar os salários de trabalhadores ou gerar empregos. Nos governos Lula, enquanto o salário mínimo e o salário médio aumentavam, o desemprego caía. Isso porque salário não é apenas custo para as empresas e os empresários, mas também demanda. O aumento do rendimento dos trabalhadores contribuiu para a expansão da demanda doméstica, o que ampliou o investimento das empresas. Porém, apesar do evidente sucesso, a estratégia distributivista não era isenta de contradições importantes.

DESAFIOS ESTRUTURAIS E O MERCADO FINANCEIRO AFRONTADO

De certa forma, Lula entregou o que Furtado pedia pois que o ciclo de crescimento aliviou características típicas do subdesenvolvimento (i) ao modernizar os padrões de consumo de uma parcela importante da população; e (ii) ao melhorar qualitativamente o mercado de trabalho reduzindo o desemprego e a informalidade. No entanto, o modelo de crescimento não logrou: (i) modernizar a estrutura produtiva de forma a sustentar as transformações do lado da demanda; e, (ii) incluir a mão de obra em setores de maior produtividade. Nesse sentido, esse ciclo de crescimento não superou entraves estruturais, apenas reconfigurou alguns aspectos do subdesenvolvimento brasileiro.

Isto foi agravado depois da crise global de 2008 com a queda na demanda dos países desenvolvidos e o avanço das exportações chinesas, que antes direcionava suas exportações para países desenvolvidos, agora busca mercados como o brasileiro e de outros países latino-americanos, onde a demanda por produtos industriais continuava a crescer. Como resultado, depois de 2009 a produção industrial estagnou e a indústria brasileira perde espaço para a concorrência chinesa e de outros países, tanto no mercado interno quanto na América Latina. Isso ocorre a despeito de políticas industriais, compras públicas e investimento de Estatais como a Petrobras e de políticas de crédito capitaneadas pelo BNDES. Estas políticas levaram a ganhos de competitividade e à redução de importações em setores específicos (como a cadeia de petróleo e a automobilística), mas não foram suficientes para compensar o aumento da demanda verificado no período.

Além disso, o desenvolvimento produtivo foi dificultado por políticas macroeconômicas que não fugiam ao arcabouço macroeconômico herdado de FHC. Até 2011, houve uma tendência à valorização da moeda brasileira com a entrada de capitais estrangeiros movida por uma taxa de juros alta para padrões internacionais. Esses juros altos foram um desincentivo aos investimentos produtivos enquanto o dólar barato facilitou a entrada das importações que contribuíram para a perda de competitividade da produção nacional.

Diante dos desafios estruturais, o governo Dilma busca corrigir o desequilíbrio entre a demanda e a oferta doméstica por meio da adoção de uma agenda pró-indústria. Ou seja, a agenda econômica do governo passa a buscar garantir condições de competitividade para a indústria nacional em meio ao cenário internacional adverso, reduzindo custos de insumos (como os custos de energia elétrica e combustível), os custos de crédito (ao aumentar o financiamento via bancos públicos e reduzir os juros via redução da Selic, em um primeiro momento, e do *spread* bancário), os custos do trabalho (através de desonerações dos encargos trabalhistas), promovendo a desvalorização da taxa de câmbio e formulando uma ampla política de subsídios e isenções fiscais que visou reduzir o custo tributário das empresas. Era a estratégia industrialista.

Essa estratégia é distinta da verificada ao final do governo Lula, marcada pelos incentivos à demanda como forma de superação da crise internacional de 2008 ao aumentar os investimentos públicos e promovendo uma política fiscal e creditícia anticíclica. Já a estratégia do governo Dilma, baseou-se majoritariamente na aposta em políticas voltadas para o lado da oferta, ou seja, de estímulo à produção do setor privado por meio da redução dos custos produtivos para diversos setores da indústria nacional.

Concomitantemente a uma política voltada para o setor industrial, o primeiro governo Dilma lançou mão de políticas que afetam a rentabilidade de outras frações do capital, em particular, do capital financeiro. A queda de juros entre 2011 a 2012, o estabelecimento de limites para a rentabilidade nas concessões públicas, a "guerra dos *spreads*" bancários, a expansão do crédito público, o controle rigoroso de preços administrados, o Imposto sobre Operações Financeiras (IOF) sobre derivativos de câmbio, a administração dos fluxos de capitais, dentre outras medidas, desagradaram setores importantes da burguesia nacional.

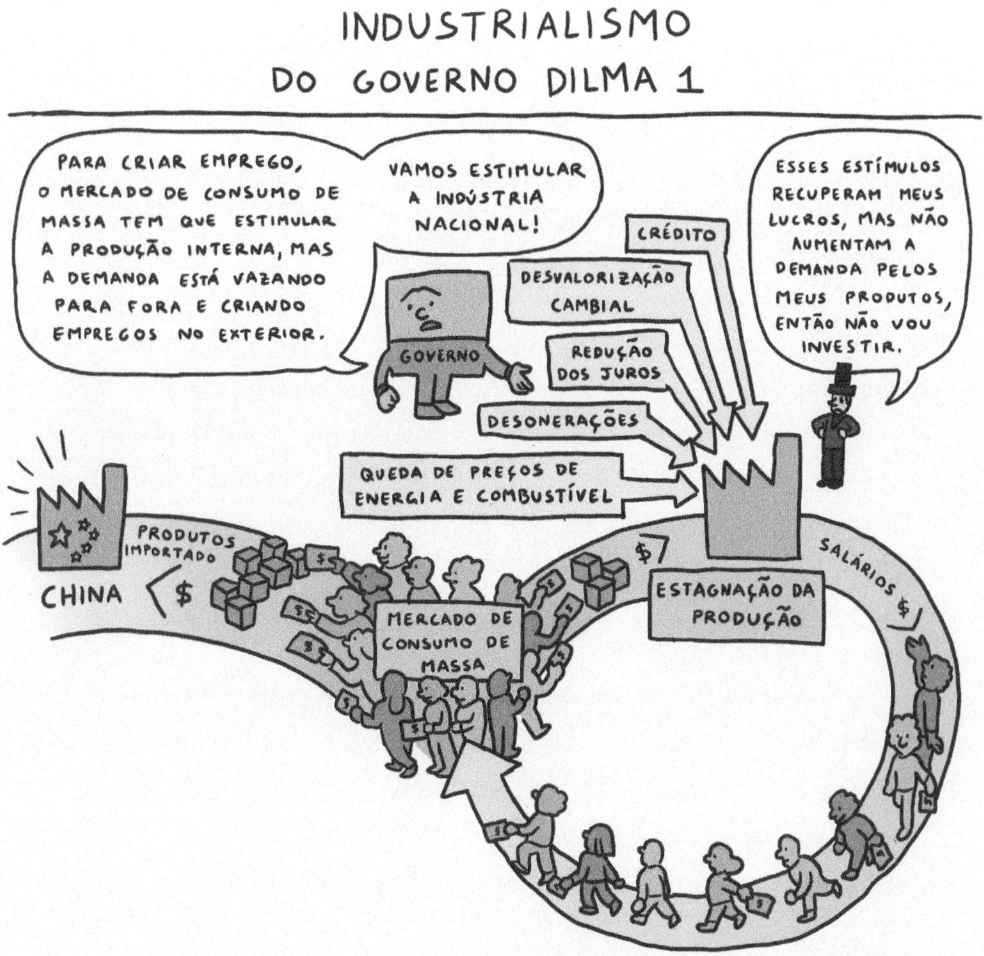

Ao final do primeiro governo Dilma, a estratégia “industrialista” surtiu pouco efeito. Essa pode ter compensado parcialmente as pressões sobre as margens de lucro para alguns setores, preservado empregos, mas, ao final do período a situação do setor produtivo havia se deteriorado, o crescimento desacelerava e o desequilíbrio externo era crescente. Do ponto das contas públicas, a utilização do orçamento para financiar a sustentação da rentabilidade do setor produtivo privado levou a uma piora no resultado fiscal, que em 2014, pela primeira vez em muitos anos, apresentou um déficit primário.

No entanto, a boa notícia ficou por conta do mercado de trabalho, que apesar de apresentar dinamismo menor, registrou as menores taxas de desemprego da história recente. O mesmo pode-se dizer dos processos de redução da pobreza e da miséria que seguem ocorrendo no primeiro governo Dilma, apesar do ritmo mais lento se comparado com o governo Lula.

Nesse contexto de continuidade de ganhos sociais e aumentos de salários, a perda de rentabilidade do capital contribui para minar o apoio empresarial à estratégia de crescimento, fortalecendo o discurso liberal e o terrorismo fiscal (que serão analisados no capítulo 14). Por fim, a crise política condiciona o segundo mandato de Dilma Rousseff, caracterizado por uma virada completa na política econômica.

O CHOQUE RECESSIVO E A CRISE ECONÔMICA

A definição do diagnóstico sobre a crise de 2015 e 2016 é determinante para pensar o futuro do Brasil. A interpretação dominante entre economistas conservadores trata a crise como um resultado de supostos excessos de gastos cometidos nos governos Lula 2 e Dilma 1 e tem recomendação política o desmonte do modelo distributivo de crescimento. Essa narrativa é inseparável da agenda de políticas econômicas de Temer-Bolsonaro, para a qual fornece os fundamentos necessários. Compartilhar dessa narrativa, portanto, é também dar sobrevida a essa agenda neoliberal amparada na narrativa dos excessos, na nova matriz econômica e em outros mitos que serão discutidos no capítulo 14.

Na verdade, o fator decisivo para a crise de 2015/16 não foi a gestão econômica nos governos Lula e Dilma 1, mas o "choque recessivo" na economia brasileira em 2015. Ou seja, pressionado politicamente, o segundo mandato de Dilma Rousseff propõe um ajuste macroeconômico que inclui um choque fiscal, monetário, de preços administrados e cambial.

Antes de caracterizar esse choque, é preciso dizer que crises econômicas são fenômenos multifacetados e carregam diversos motivos explicativos de forma que não há uma única causa que explique a crise. Contudo, crises como a de 2015-2016 geralmente têm um fator decisivo que justifica o caráter extraordinário e as diferencia das demais crises ao longo dos ciclos econômicos.

No Brasil houve quatro grandes crises na história, considerando a queda no crescimento como parâmetro, e todas essas têm um motivo explicativo principal. A crise dos anos 1930 foi detonada pelo *crash* da bolsa de 1929; a crise dos anos 1980 explica-se principalmente pela dívida externa brasileira; no governo Collor, o confisco das poupanças foi a principal razão para a crise; a principal causa da crise de 2015-2016 foi o choque recessivo de 2015.

O ajuste fiscal se traduz numa redução das despesas primárias do governo federal (isto é, as despesas públicas sem considerar o pagamento de juros), e interrompe uma trajetória de crescimento real desses gastos que vem desde a década de 1990. A queda do gasto público se soma à queda nos gastos das famílias e das empresas, e agrava a crise. Como veremos no capítulo 13, a ideia de que cortar gasto gera crescimento não passa de um mito.

Diante do represamento de preços administrados pelo setor público, como energia e gasolina, parte da estratégia industrialista do primeiro mandato, o governo optou por uma estratégia de choque, ou seja, um aumento rápido de preços em detrimento de um aumento gradual. Esse reajuste impacta nos custos de várias atividades econômicas e resulta em um forte aumento da inflação. Dessa forma, o choque de preços administrados foi mais um elemento de pressão de custos para empresas e de redução do poder de compra das famílias.

Após as eleições de 2014, também ocorre uma inflexão na política cambial quando a nova equipe econômica sinaliza ao mercado uma política cambial menos atuante. A moeda brasileira já vinha se desvalorizando no segundo semestre de 2014, tendência que se reforça com a nova postura de política cambial. Em janeiro de 2015 a taxa de câmbio estava em torno de 2,60 reais por dólar, enquanto no mesmo mês de 2016 essa taxa estava acima de quatro, o que representou uma desvalorização de mais de 50% do real em relação ao dólar. Essa rápida mudança na taxa de câmbio tem impacto nas estruturas de custos e patrimonial das empresas, contribui para o aumento da taxa de inflação e com isso para a redução do poder de compra das famílias, impactando negativamente o consumo.

Diante de uma inflação essencialmente provocada pelo ajuste de preços administrados e pela forte desvalorização cambial, o Banco Central deu continuidade aos aumentos na taxa básica de juros, a Selic, até o patamar de 14,25%. Esse aumento do custo do crédito é outro fator que contribui para o cenário de crise.

Se, por um lado, é certo que a economia brasileira já estava em desaceleração, por outro lado, é impossível entender a intensidade da crise que assola a economia brasileira sem se levar em conta o choque recessivo. Não havia um cenário de crise econômica em 2014, levando em conta o desemprego em sua mínima histórica e o aumento dos salários acima da inflação. O debate em 2014 destacava o superaquecimento do mercado de trabalho e o "crescimento excessivo" dos salários. Ou seja, o ano de 2014 foi um ano de desaceleração econômica, explicada fundamentalmente pelo recuo do investimento privado em um cenário externo adverso e contexto de crescente incerteza política. Já 2015 é diferente, há uma mudança profunda no mercado de trabalho, com rápido aumento do desemprego e queda do poder de compra dos trabalhadores.

A queda do consumo das famílias também marca uma mudança importante. Essa variável foi símbolo do padrão de crescimento dos governos do PT, no qual o dinamismo do mercado interno tinha um importante papel indutor do investimento e do crescimento. Entre 2004 e 2010, o consumo das famílias cresceu em média 5,3% ao ano. Já no primeiro governo Dilma, o consumo das famílias cresceu em média 3,5%, mas em um claro movimento de desaceleração.

Portanto, o fator decisivo para essa crise não foi a gestão econômica nos governos Lula e Dilma 1, mas um choque recessivo na economia brasileira, que foi condicionado pelo ambiente de crise de governabilidade e o golpismo que se instalou no Brasil após a eleição de 2014. A crise econômica enfraquece politicamente o governo Dilma e cria as condições econômicas para o golpe de 2016 e para um período caracterizado pelo reformismo neoliberal.

PARA SABER MAIS

- Esse capítulo é baseado em três trabalhos acadêmicos de Pedro Rossi e Guilherme Mello, onde os temas aqui descritos estão mais aprofundados. O primeiro artigo é sobre as virtudes e contradições do modelo de crescimento do governo Lula intitulado "Componentes macroeconômicos e estruturais da crise brasileira: O subdesenvolvimento revisitado" (2017), disponível em: https://www.braziliankeynesianreview.org/BKR/article/view/91/69.
- Sobre o governo Dilma, ver o artigo "Do industrialismo à austeridade: a política macro dos governos Dilma", publicado no livro *Para além da política econômica* (Editora Unesp Digital, 2018) e organizado por Ricardo Carneiro, Paulo Baltar e Fernando Sarti, dedicado à análise da economia no governo Dilma. Disponível em: https://www.eco.unicamp.br/images/arquivos/para-alem-da-politica-economica.pdf.
- E por fim, o terceiro artigo sobre a crise de 2015 e 2016, intitulado "Choque recessivo e a maior crise da história: A economia brasileira em marcha à ré", publicado em 2017 pelo Centro de Estudos de Conjuntura e Política Econômica – IE/Unicamp, disponível em: https://www.eco.unicamp.br/images/arquivos/notacecon1_choque_recessivo_2.pdf.
- O livro *Valsa brasileira: Do boom ao caos econômico* (Todavia, 2018), de Laura Carvalho é uma das melhores leituras sobre os governos Lula e Dilma.
- Para análise dos governos do PT na perspectiva da ciência política, ver os livros de Armando Boito, *Reforma e crise política no Brasil: os conflitos de classe nos governos do PT* (Editora Unicamp, 2018) e André Singer, *Os sentidos do Lulismo: reforma gradual e pacto conservador* (Companhia das Letras, 2012).

ASCENSÃO E FRACASSO DA ESTRATÉGIA NEOLIBERAL

O golpe parlamentar que levou Michel Temer (MDB) ao poder representou o completo abandono do modelo de desenvolvimento distributivo e sua substituição por uma estratégia neoliberal. Se o governo Dilma 2 puxou o freio, Temer virou o volante. Seus ideólogos esperavam que a austeridade fiscal e as reformas liberalizantes dariam confiança aos agentes, o que resultaria em mais investimentos e crescimento. Com o crescimento em marcha, seria criado o ambiente necessário para a legitimação do golpe e sua agenda econômica neoliberal nas urnas. No entanto, o golpe fracassou em construir uma agenda econômica capaz de retomar a trilha do desenvolvimento e lançou o Brasil em uma crise econômica, política, social e institucional sem precedentes. Esse capítulo traz os aspectos econômicos da estratégia neoliberal dos governos Michel Temer e Jair Bolsonaro.

MOTIVAÇÕES ECONÔMICAS PARA O GOLPE

O pano de fundo do choque recessivo de 2015 era um conflito de classes e uma avaliação conservadora de que o modelo distributivo tinha ido longe demais. Antes de 2015, o debate econômico brasileiro destacava o mercado de trabalho superaquecido, os sindicatos estavam muito fortes e o crescimento excessivo dos salários, acima da produtividade. Alguns economistas defendiam a necessidade de gerar desemprego para "ajustar" a economia. Um deles dizia, sem meias palavras: "a saída é frear a economia. É demitir mesmo".

O fato é que o modelo de crescimento distributivo sempre foi questionado pelo conservadorismo econômico. Nos governos Lula, enquanto o país crescia fortemente as tensões políticas eram acomodadas, já a desaceleração do crescimento no primeiro governo Dilma acirrou o conflito distributivo e ampliou esse questionamento. Dessa forma, o choque recessivo de 2015 foi uma solução conservadora para o conflito de classes que arbitra em favor dos capitalistas, reduz salários reais e busca aumentar a rentabilidade do capital.

No entanto, o ajuste de curto prazo promovido em 2015 não foi suficiente para satisfazer o conservadorismo econômico brasileiro. Era preciso ir além. A Constituição Federal (CF) de 1988 e sua generosidade social era o problema a ser enfrentado. A origem dessa crítica remete ao debate da constituinte. Roberto Campos, economista liberal e colaborador da ditadura, considerava a Carta de 1988 um "hino à preguiça", uma "coleção de anedotas", "estímulo à ociosidade" e um ato de "anacronismo moderno". Descreveu-a como um "misto de regulamento trabalhista e dicionário de utopias", o "canto do cisne do nosso nacional-populismo".

Ao longo dos governos do PT essa crítica foi frequente e aparece no debate sob argumentos de que o "Estado não cabe no PIB" e a "constituição não cabe no orçamento". Afirmações incoerentes, antidemocráticas e que buscam impor outro projeto de país. Afinal, o tamanho do Estado não é problema técnico, mas político. A parcela do Estado que cabe no PIB é uma decisão da sociedade sobre os serviços públicos que se pretende financiar coletivamente e as transferências públicas pactuadas.

Nas eleições de 2018, o manifesto do Clube Militar do vice-presidente general Mourão tratou de deixar claro o ponto deste debate ao afirmar que a extensão dos direitos sociais foi fator desestabilizador da economia brasileira. A ideia de que os governos do PT tinham gastado demais é complementada com um aspecto estrutural ligado à nossa Constituição.

Não bastava, portanto, tirar o PT, era necessário reformar a Constituição. Não apenas os governos do PT estavam errados na expansão dos gastos sociais, mas era necessário fazer reformas para reduzir a obrigatoriedade de gastos sociais e modificar os seus pisos constitucionais. Da mesma forma, recuar no uso dos bancos públicos e das estatais não era suficiente, seria necessário avançar nas privatizações. Adicionalmente, não apenas era necessário frear a economia e gerar desemprego, mas fazer uma reforma trabalhista que retire direitos e enfraqueça os sindicatos.

Nesse contexto, o significado econômico do golpe de 2016 foi a mudança no modelo econômico. Ou seja, a essência do golpe é retirar um grupo político do poder, eleito pelas urnas, e colocar outro grupo político com outra agenda econômica. Como posteriormente foi revelado por Michel Temer, Dilma caiu por negar-se a adotar as reformas propostas pelo programa econômico elaborado pelo PMDB, intitulado "ponte para o futuro".

Após o golpe e já com Temer no poder, completou-se o alinhamento entre governo federal, parlamento, burguesia nacional e grande mídia em favor da estratégia neoliberal, configurando uma aliança política. A despeito da ilegitimidade e falta de popularidade da agenda neoliberal, esse alinhamento completo entre as forças políticas permitiu um rápido avanço de diversas agendas, com destaque para a aprovação da "regra do teto" (EC 95), da reforma trabalhista e a reorientação da estratégia das empresas estatais e dos bancos públicos.

O TETO DE GASTOS E REFORMAS NEOLIBERAIS

A crise econômica e política em que se encontrava o Brasil, em 2016, abriu espaço para o que Naomi Klein chamou de "doutrina do choque", uma filosofia de poder que sustenta que a melhor oportunidade para impor as ideias neoliberais radicais é no período subsequente ao de um grande choque social. É exatamente o que acontece no Brasil, em um momento de crise econômica e instabilidade política ocorre a imposição de uma agenda neoliberal, de caráter radical, cujo objetivo é transformar rapidamente os princípios e a natureza do Estado brasileiro e da Constituição de 1988.

A primeira grande reforma, que traz consigo o DNA orientador do novo projeto de país, é a reforma do regime fiscal que instituiu um teto para as despesas primárias do governo federal com duração de 20

anos e possibilidade de revisão em dez anos. Nessa regra, aprovada pela Emenda Constitucional 95 (EC 95), os gastos federais, com exceção do pagamento de juros sobre a dívida pública e alguns outros gastos, ficam limitados pelo montante gasto no ano anterior, reajustados pela inflação acumulada, medida pelo Índice Nacional de Preços ao Consumidor Amplo (IPCA).

A aritmética da EC 95 é muito simples: de acordo com a regra, os gastos primários federais crescerão zero, enquanto o PIB vai crescer, assim como a população, logo o gasto vai cair em relação ao PIB e em relação à população. Dessa forma, o teto inviabiliza melhorias nos serviços públicos e diminui o impacto redistributivo do gasto social.

Além do efeito sobre o tamanho do gasto da EC 95, há também um problema de composição, ou "efeito achatamento", que vai comprimir as despesas públicas em diversas áreas. Ou seja, alguns gastos, como os de previdência social, devem crescer por conta do próprio crescimento da população idosa, assim, outros gastos terão que encolher para caber no teto. O investimento público é a primeira vítima dos cortes de gastos, mas o teto já tirou dinheiro da saúde, educação, cultura etc.

Nenhum país do mundo estabeleceu uma regra para gasto público tal como a brasileira, por meio de uma emenda na Constituição. E a verdade é que não precisava mudar a Constituição. Regras para a política macroeconômica brasileira geralmente não estão na Constituição, por exemplo, o regime de metas de inflação, a regra de superávit primário e mesmo lá no Plano Real, não havia nada na constituição para estabelecer a âncora cambial.

A única medida relevante da EC 95 em matéria constitucional era a desvinculação das receitas destinadas à saúde e à educação. Isto é, o Novo Regime Fiscal não precisava de emenda constitucional, o que precisava de mudança constitucional era a desvinculação de receitas para saúde e educação. A antiga regra vinculava os gastos com saúde e educação com as receitas públicas, quando o país crescia e arrecadava mais, havia mais dinheiro para saúde e educação. Já com a EC 95, o gasto mínimo com saúde e educação ficam congelados e se o país crescer e arrecadar mais, esses recursos não vão para saúde e educação.

Nos 20 anos anteriores à EC 95, o gasto do governo federal central cresceu de em torno de 14% do PIB para 20% do PIB, refletindo a regulamentação dos direitos sociais pactuados na CF de 1988. No entanto, para os seus 20 anos de duração, de 2017 a 2036, a EC 95 propõe retroceder tudo o que o país avançou nos 20 anos anteriores em termos de consolidação dos direitos sociais. Estima-se que, com o teto, o gasto primário do governo federal retorne para a casa de 13,2% do PIB em 2036.

Essa drástica redução da participação do Estado na economia é representativa de outro projeto de país, outro pacto social, que reduz substancialmente os recursos públicos para garantia dos direitos sociais, como saúde, educação e assistência social. Nesse novo pacto social, transfere-se responsabilidade para o mercado no fornecimento de bens sociais. Trata-se de um processo que transforma direitos sociais em mercadorias.

Para além do teto de gastos, o governo Temer propõe uma reforma trabalhista, aprovada em 2017, que reduz e flexibiliza diversos direitos trabalhistas, avançando na terceirização e garantindo protagonismo da negociação direta entre empresários e trabalhadores sobre a legislação trabalhista. A promessa de que a reforma trabalhista iria gerar mais e melhores empregos se mostrou uma farsa. Enquanto o alto desemprego do governo Temer e Bolsonaro representou a violação do direito ao trabalho de parte da população brasileira, a reforma trabalhista retirou direitos no trabalho.

A orientação neoliberal do governo Temer também aparece na sua relação com os bancos públicos e as estatais. O BNDES reduz drasticamente o volume de empréstimos, aumenta as taxas de juros e cria um departamento de "desestatização" para coordenar vendas de patrimônio público, voltando a atuar como na década de 1990. A mesma opção pelo "enxugamento" pode ser vista na nova gestão da Petrobras, que reduz investimentos e passa a atuar com uma lógica de mercado, deixando de atender aos interesses nacionais para atender aos interesses dos acionistas. Uma nova política de preços da empresa faz os preços da gasolina e do diesel nos postos de gasolina oscilarem junto com os preços internacionais.

A Petrobras sempre foi um instrumento de desenvolvimento, um sistema que vai do "poço ao posto", a começar pela extração do petróleo bruto até a venda e comercialização de gasolina e outros combustíveis. O controle dessas cadeias produtivas permite estimular a geração de renda e emprego, agregar valor à produção, priorizar insumos locais, absorver choques de preços externos, contribuir para soberania energética, gerar tecnologia etc. Contudo o projeto neoliberal visa esvaziar a empresa para privatizá-la. Assim, ao abandonar áreas de atuação, como a petroquímica, os setores de biocombustíveis e fertilizantes, a Petrobras deu passos para se tornar uma simples exportadora de óleo cru.

Portanto, a política econômica do governo Temer atua em dois planos. No primeiro, desmonta-se a capacidade do Estado de promover as políticas sociais e fragiliza-se a posição dos trabalhadores. Nessa direção, destacam-se o novo regime fiscal que compromete o gasto social, as reformas trabalhista e da previdência, esta última aprovada no governo Bolsonaro. No segundo plano, desmonta-se a capacidade do Estado de induzir o crescimento e de transformar a estrutura produtiva por meio do novo regime fiscal que limita o gasto com investimento público, a privatização da gestão dos bancos públicos e da Petrobras.

Apesar do sucesso político-parlamentar na aprovação das propostas, os resultados da estratégia neoliberal frustraram as expectativas de retomada do crescimento, investimento e emprego. Ao final do governo, o evidente fracasso econômico e social da agenda adotada impediu a candidatura à reeleição de Temer, assim como tirou as chances eleitorais da direita tradicional, artífice do golpe. Nesse ponto, Bolsonaro foi o candidato perfeito para levar adiante essa agenda neoliberal, pois conseguia deslocar o debate político para longe dos temas econômicos.

Dessa forma, do ponto de vista econômico, a eleição de Bolsonaro representou a continuidade da agenda neoliberal inaugurada no governo Temer e presente no programa "Ponte para o Futuro". O objetivo de reduzir a atuação do Estado, seja no seu aspecto de proteção social previsto na CF de 1988, seja os instrumentos públicos de coordenação e indução do desenvolvimento, sempre foi o mantra de Paulo Guedes, escolhido como "guru" econômico da candidatura de Bolsonaro.

A PANDEMIA E A AUSTERIDADE EM QUARENTENA

A pandemia de Covid-19 atinge o Brasil em meio a um período de crise, desemprego, piora nos indicadores sociais que coincide com mudanças na condução da política econômica e com a agenda de reformas de orientação neoliberal. Esse contexto de crise, em combinação com os impactos da pandemia, traz à tona um grave cenário de fome e aumento das desigualdades. Adicionalmente, a pandemia explicita a inadequação da condução das políticas macroeconômicas no Brasil e o anacronismo da agenda de reformas que vai na contramão das políticas praticadas no plano internacional.

Assim, durante a pandemia a ideia de austeridade fiscal entrou em quarentena, alguns mitos caíram por terra e dogmas foram deixados de lado diante de uma realidade impositiva. Em poucas semanas, o gasto público passou do "grande problema" do Brasil para a principal solução. Na retórica de alguns, o Estado que estava quebrado ficou solvente e o dinheiro, que tinha acabado, reapareceu. Neste período, a crise sanitária cria um quase consenso entre os economistas de que é preciso gastar com saúde, assistência social e apoio às empresas e trabalhadores e, para isso, deixar o teto de gastos de lado.

A contragosto do governo, o Congresso votou um auxílio emergencial que, ao beneficiar mais de 80 milhões de pessoas, atenua os efeitos sociais da Covid-19 e os aumentos das desigualdades. Entretanto, o valor do auxílio foi reduzido pela metade nos últimos quatro meses de 2020 e foi suspenso nos primeiros quatro meses de 2021. Posteriormente, o auxílio foi retomado em um valor reduzido com um aumento relevante apenas durante o período eleitoral.

Depois do período de isolamento social, a economia volta a funcionar, mas o Brasil volta ao mapa da fome. O desemprego, que já vinha subindo desde 2015, chegou a 14,7% no 1º trimestre de 2021 e atingiu o recorde de 14,8 milhões de brasileiros.

Ignorando os impactos trágicos da pandemia, o governo busca retomar a agenda neoliberal e faz propostas para tentar viabilizar o teto de gastos, todas essas extremamente impopulares como, por exemplo, furar os pisos de saúde e educação, congelar aposentadorias, cortar salário do funcionalismo público, unificar e reduzir programas sociais. Diante da falta de viabilidade política, a solução para o governo foi furar o teto de gastos para não travar a máquina pública e acomodar os interesses políticos.

A despeito dos furos no teto de gastos, o governo Bolsonaro foi extremamente neoliberal e deu continuidade a agenda do golpe de 2016. Ele aprovou uma reforma da previdência, bloqueou os aumentos no salário mínimo, deu continuidade à agenda de privatizações e de desmonte das estatais e dos bancos públicos, cortou gastos em todas as áreas sociais com exceção dos gastos extraordinários para a saúde na pandemia e avançou em uma agenda de desregulamentação e liberalização financeira com a aprovação do projeto de Lei do mercado de câmbio, além de aprovar a autonomia do Banco Central, atendendo antigos desejos do setor financeiro.

Por fim, essa estratégia neoliberal implementada a partir do golpe de 2016 é a antítese da estratégia econômica distributiva dos governos Lula e Dilma e representou uma solução conservadora para um conflito de classes acirrado pela estratégia distributiva. Diante disso, o próximo capítulo aponta para o futuro e para a necessidade de recuperar o modelo de crescimento distributivo, adaptando-o à nova condição da economia brasileira e aos desafios impostos pelo cenário internacional pós-pandemia.

PARA SABER MAIS

- Em 2018, Pedro Rossi, Esther Dweck e Ana Luiza Matos de Oliveira organizaram o livro *Economia para poucos* (Autonomia Literária, 2018), que traz contribuições de vários pesquisadores sobre os impactos da austeridade fiscal e das reformas neoliberais na economia brasileira. Disponível em: https://pedrorossi.org/wp-content/uploads/2019/09/Economia-para-Poucos.pdf.
- Dois anos depois, os mesmos economistas publicam o livro *Economia pós-pandemia: Desmontando os mitos da austeridade fiscal e construindo um novo paradigma econômico* (Autonomia Literária, 2020), que trata dos impactos sociais do modelo neoliberal no contexto da pandemia. Disponível em: https://pedrorossi.org/wp-content/uploads/2020/11/Economia-Po%CC%81s-Pandemia-compactado.pdf.
- Nesse mesmo livro, o capítulo escrito por Esther Dweck sobre o teto de gastos detalha aspectos e impactos dessa regra fiscal.

AGENDA ECONÔMICA PARA A TRANSFORMAÇÃO SOCIAL

Este capítulo encerra a parte sobre a economia brasileira mirando o futuro. Para isso, apresenta as linhas gerais de uma agenda de desenvolvimento para transformação social, antítese da agenda neoliberal. A ideia é organizar uma economia baseada em direitos impulsionada por dois motores principais de crescimento econômico: i) a distribuição de renda; e ii) a expansão da infraestrutura social e ambiental.

Outra característica central da proposta são as políticas públicas orientada por missões socioambientais que apontam para a finalidade do processo de desenvolvimento e para a solução de problemas históricos da sociedade brasileira como mobilidade urbana, saúde, educação, racismo estrutural, desigualdade de gênero, degradação ambiental, mas também para uma nova lógica de organização do planejamento econômico. Além da maior justiça social e reparação histórica, a implementação deste projeto de desenvolvimento tem enorme potencial de dinamizar a economia brasileira dada: i) a enorme concentração de renda; ii) a carência de infraestrutura social e ambiental.

QUAL CRESCIMENTO E DESENVOLVIMENTO QUEREMOS?

O crescimento econômico não é necessariamente bom, tampouco necessariamente ruim. Esse, entendido como o aumento da produção de bens e serviços, pode ter características perversas ao promover padrões de consumo insustentáveis, aumento das desigualdades, exclusão social, degradação ambiental etc. A derrubada de florestas pode gerar crescimento, o aumento dos lucros dos bancos, assim como os gastos com segurança decorrentes do aumento da violência também podem levar ao crescimento. Evidentemente, não é desse crescimento que precisamos.

No entanto, o problema não está no crescimento, mas em qual crescimento. A construção de novas moradias resulta em crescimento econômico, assim como a expansão de serviços de saúde, a produção de novas tecnologias e o aumento de atividades culturais. Vale destacar que o crescimento é também compatível com a preservação ambiental, uma vez que a mudança necessária para garantir uma transição ecológica e para alterar as matrizes de energia e transporte gera crescimento e emprego. Estamos falando de investimentos massivos em energia renovável, eficiência energética, transporte coletivo, ferrovias, veículos elétricos, infraestrutura hídrica, novas tecnologias etc.

Além disso, é possível conciliar o crescimento econômico com a transformação social para atacar as múltiplas dimensões da desigualdade (social, racial, de gênero, regional etc.). Mas para isso, é necessário transformar as agendas sociais no próprio objetivo do processo de desenvolvimento.

O desenvolvimento aqui é entendido como crescimento com transformação estrutural. Ou seja, um país pode crescer sem alterar sua estrutura produtiva, a composição do mercado de trabalho ou sua pauta de comércio exterior. A economia brasileira do ciclo de café é um exemplo que ilustra momentos de crescimento sem desenvolvimento. Ou seja, quando o preço internacional do café aumentava, a economia crescia, mas não modificava sua estrutura, mantendo um setor atrasado da economia ligado à sobrevivência da população, e um setor mais moderno ligado ao comércio externo. O desenvolvimento é, portanto, quando há mudanças nas estruturas como ocorreu no período de industrialização brasileira em que houve uma forte transformação industrial, um processo de urbanização e mudanças no mercado de trabalho.

Assim como no caso do conceito de crescimento, a direção do desenvolvimento importa, e é isso que queremos discutir neste capítulo. Para isso, revisitamos o modelo de crescimento do governo Lula e fazemos uso da tradição econômica de Celso Furtado, discutida no capítulo 4, que pensa o desenvolvimento a partir de um lugar periférico na economia internacional e que articula/integra as estruturas de demanda e de oferta, o mercado de trabalho, os padrões de consumo, estrutura produtiva e o emprego. Neste contexto, o desenvolvimento é visto não como uma decorrência espontânea das forças de mercado em livre atuação, mas como uma intenção política.

DISTRIBUIÇÃO E INFRAESTRUTURA SOCIAL COMO MOTORES DO DESENVOLVIMENTO

É possível pensar em uma nova lógica de operação da economia brasileira no longo prazo que garanta simultaneamente dinamismo econômico e uma profunda transformação da estrutura produtiva e social. Para essa estratégia de desenvolvimento, a atuação pública deve estar voltada para dois motores essenciais do desenvolvimento econômico (ou duas frentes de expansão): a distribuição de renda e a oferta de infraestrutura social. Isso não significa negligenciar outras fontes de crescimento, mas priorizar a atuação do Estado e das políticas públicas nesses importantes eixos do desenvolvimento.

O intuito é sublinhar o propósito do desenvolvimento e pensar a estrutura produtiva necessária para dar sustentação ao projeto. Ou seja, a garantia de direitos precisa de uma base material e atender as demandas sociais é uma oportunidade para desenvolver a estrutura produtiva e gerar emprego, renda e tecnologia no Brasil. Da mesma forma, a redução da desigualdade e as mudanças nos padrões de consumo podem modificar a estrutura produtiva de forma virtuosa.

O primeiro motor do desenvolvimento é a distribuição da renda, uma vez que a ampliação da renda das famílias fomenta o mercado interno de consumo, induzindo os investimentos privados na amplia-

ção da produção e impulsionando a geração de emprego e renda, o que se reverte em mais consumo, investimento e renda. Este motor é fundamental em uma sociedade tão desigual quanto a brasileira, fundada na exploração da população negra e indígena, das mulheres, e com expressivas desigualdades regionais.

Como vimos, a experiência histórica recente mostra que distribuir gera crescimento. A constituição do mercado de consumo de massa acelera o circuito da renda impulsionada a partir da transferência de recursos para uma parcela mais pobre da população, que consome uma parcela maior da sua renda e ainda consome menos produtos importados do que a parcela mais rica. Ao longo do processo de inclusão no mercado consumidor, a ampliação da demanda gera aumento do volume de vendas, o que pode proporcionar aumento de escala das empresas nacionais, aumento da produtividade e portanto crescimento econômico. O impacto na renda e emprego do mercado interno será maior com políticas voltadas para o setor industrial, que assegurem que boa parte deste aumento de demanda seja atendido com a produção nacional.

As políticas de aumento de salário mínimo e as políticas de transferência da seguridade social e dos programas de combate à pobreza são fundamentais para a melhora na renda da parcela mais pobre da população. No entanto, também é preciso endereçar estruturas que reproduzem as desigualdades e a exclusão social no Brasil em termos raciais, regionais e de gênero, como a carga tributária que reforça e institucionaliza a forte concentração de renda e riqueza. Portanto, uma reforma tributária progressiva é imprescindível para amplificar os efeitos redistributivos da atuação do Estado e reduzir a desigualdade social.

Como discutido por Furtado, também é preciso repensar a articulação dos padrões de consumo com outros aspectos do desenvolvimento econômico, favorecendo formas coletivas de consumo. Dessa forma, a consolidação de um forte mercado interno de consumo por meio da distribuição de renda deve ser acompanhada por uma discussão em torno da qualidade do consumo, tanto de bens privados quanto de bens públicos. Não adianta melhorar as condições das famílias brasileiras da porta de casa para dentro sem melhorá-las da porta de casa para fora. Ou seja, a melhora dos padrões de consumo de bens privados deve ser acompanhada de uma ampliação do acesso de uma parte da população aos bens e serviços sociais básicos como moradia, transportes, saúde e educação, o que nos remete ao segundo motor do desenvolvimento: o investimento em infraestrutura social e ambiental.

O investimento em infraestrutura social e ambiental permite a ampliação da capacidade de oferta de bens e serviços sociais e de consumo coletivo pela sociedade, além da proteção do meio ambiente. Esse investimento pode ter um enorme efeito dinâmico de curto prazo por meio da geração de emprego e renda e tem amplos efeitos positivos sobre o crescimento econômico no longo prazo, por meio da melhora da qualidade de vida das pessoas e da produtividade do sistema. Estamos falando de trabalhadores que demoram menos tempo para ir e voltar do trabalho, com serviços de transporte de maior qualidade, com mais saúde, educação, lazer e cultura. Nesse sentido, é falsa a ideia de que o gasto social reduz a eficiência do sistema econômico, assim, o investimento socioambiental não deve ser tratado como um fardo para as contas públicas.

O modelo econômico de desenvolvimento concentrado em dois motores sociais supera visões estreitas de política social, reforça o caráter universal de direitos sociais, almeja a melhora na qualidade de vida da população, a expansão da cidadania e a quebra do ciclo da pobreza e da desigualdade. Para além de gerar emprego e renda e corrigir mazelas crônicas na oferta de serviços públicos de qualidade, pode ser funcional ao desenvolvimento tecnológico e produtivo. Nesse contexto, a ideia de missões socioambientais dá tração a esses dois motores ao promover o desenvolvimento de tecnologias e soluções para objetivos específicos definidos pela sociedade.

MISSÕES SOCIOAMBIENTAIS

A ideia de política pública orientada por missões tem origem no desenvolvimento de tecnologias para objetivos específicos definidos pelo Estado, como a histórica missão Apollo da Nasa, que pôs o homem na lua. Mas as missões para as áreas de defesa, energia nuclear e aeroespacial também podem ser adaptadas para novos objetivos, como o meio ambiente e desafios sociais.

Nesse contexto, o desenvolvimento orientado por missões socioambientais aponta para as finalidades do processo de desenvolvimento e para a solução de problemas com vistas a alcançar objetivos sociais desejados pela sociedade, e assim busca articular as demandas sociais com uma base econômica, produtiva e tecnológica necessária. Ou seja, as missões fortalecem a ideia de planejamento e dão direção e objetivos para a articulação entre o lado da demanda e da estrutura produtiva.

Essas missões podem se organizar em torno dos eixos do "investimento social e ambiental", como mobilidade urbana e transporte, saneamento básico, meio ambiente e tecnologia verde, habitação popular, saúde, educação, desenvolvimento regional etc. Além disso, é necessário pensar em dimensões transversais que devem estar presentes de forma estrutural em cada uma das missões, como a questão ambiental, de gênero e racial.

Outro ponto importante é que as missões socioambientais devem ser pensadas de baixo para cima, a partir da necessidade dos diferentes territórios e regiões e das demandas socioambientais que cada um apresenta. Não é possível elaborar um projeto de desenvolvimento único, constituído "de cima para baixo", para um país continental e heterogêneo como o Brasil. Ou seja, é preciso identificar problemas e soluções a partir da avaliação das características do território, considerando as especificidades locais e regionais e a demanda pelos bens e serviços finais e os insumos necessários para o seu provimento.

Portanto, a ideia de missões favorece formas de cooperativismo local e é compatível com a construção de uma economia solidária no

DESENVOLVIMENTO ORIENTADO POR MISSÕES SOCIOAMBIENTAIS
VAMOS IDENTIFICAR OS DESAFIOS...
GOVERNO
DIREITOS E IGUALDADE
MEIO AMBIENTE
DESCARBONIZAÇÃO
REVOLUÇÃO DIGITAL
SUSTENTABILIDADE
PLANEJAMENTO
DEFINIR METAS E PLANEJAR O FUTURO...
PESQUISAS
GOVERNO
E ACIONAR OS MOTORES DO DESENVOLVIMENTO!
GOVERNO
DISTRIBUIÇÃO DE RENDA
INFRAESTRUTURA SOCIOAMBIENTAL

sentido de propor uma nova forma de organização da produção e gestão do trabalho que se opõe àquela que rege o livre mercado capitalista. As missões socioambientais também são um caminho para a construção de uma sociedade socialista a partir da maior presença do Estado no planejamento do desenvolvimento, do direcionamento do investimento com base nos propósitos sociais, da ênfase na distribuição de renda e riqueza e do provimento de direitos universais.

Um caso relevante para este modelo de desenvolvimento é a missão voltada para a ampliação e melhoria da saúde pública. De certa forma, a saúde se confunde com o desenvolvimento, pois é uma das principais finalidades desse processo. Ou seja, o ponto de chegada do processo de desenvolvimento deve ser garantir condições mínimas de saúde para toda a população. E saúde em um sentido amplo, como aspiração ao bem-estar.

Por um lado, as condições de saúde são dependentes do padrão de desenvolvimento, o qual afeta os indicadores de saúde por meio de condicionantes sociais como saneamento, nutrição, condições de trabalho, educação etc. Também conhecidos como determinantes sociais de saúde. Por outro lado, o investimento em saúde traz importantes benefícios sociais, impacta na produtividade do trabalho e assim no crescimento e desenvolvimento de longo prazo.

Nesse contexto, a prestação de serviços de saúde movimenta o chamado complexo econômico e industrial da saúde (CEIS), que articula setores prestadores de serviço como hospitais, ambulatórios, serviços de diagnósticos e tratamentos com setores industriais, como a indústria de base química e biotecnológica, que fornece fármacos, medicamentos, vacinas, hemoderivados, reagentes para diagnósticos e equipamentos; e as indústrias de base mecânica, eletrônica e de materiais, que fornecem equipamentos mecânicos e eletrônicos, próteses e órteses e materiais de consumo.

Assim, uma missão para a saúde pública passa pelo desenvolvimento do CEIS que pode gerar emprego, renda e tecnologia no

país, além de reduzir a vulnerabilidade do sistema diante de crises sanitárias como a pandemia da Covid-19. Não basta, portanto, aumentar o gasto público com saúde, pois que isso estimula a importação de equipamentos e medicamentos, representando um vazamento da demanda doméstica para fora do país e a redução do potencial dinâmico para a economia.

Nesse sentido, uma missão socioambiental deve mobilizar diversos instrumentos, como o gasto e o investimento públicos, o fomento à pesquisa, os bancos públicos e as políticas de crédito, a política industrial, comercial, tributária, dentre outras. Além disso, o foco das políticas públicas deve estar nas missões e não em setores industriais específicos. A indústria não é uma finalidade do processo de desenvolvimento, mas um meio.

O exemplo da saúde vale para diversas outras frentes sociais. Uma missão para descarbonização da economia, por exemplo, não é um entrave para o crescimento, mas um vetor de mudanças estruturais que gera emprego, crescimento, tecnologia no processo de enfrentamento da emergência climática.

Por fim, diferentemente do discurso econômico que esvazia as responsabilidades coletivas, argumenta que não há dinheiro e delega ao mercado as soluções, este modelo de desenvolvimento mostra que é possível transformar o Brasil. Isso porque o país não tem problema de escassez de recursos, mas de desigualdade na distribuição de recursos e pode crescer e se desenvolver quando enfrentar a desigualdade e suas principais mazelas sociais. É possível, portanto, construir uma nova economia, baseada em direitos e na proteção ambiental, guiada pela ética do cuidado, pelas responsabilidades coletivas e por um pacto de solidariedade.

Retornando ao Celso Furtado, os desafios do desenvolvimento de países subdesenvolvidos como Brasil, é menos de natureza quantitativa – ou seja, um projeto social e tecnicamente viável – e mais de natureza qualitativa, ou seja, assentado em uma maioria política vocacionada para a sua implementação.

Em uma sociedade capitalista, dividida em classes sociais, nenhum objetivo econômico é "neutro" do ponto de vista distributivo. Portanto, realizar o sonho de construir esse modelo de desenvolvimento compromissado com as necessidades humanas é, necessariamente, conflituoso com a estrutura de propriedade e de concentração da renda e da riqueza.

Portanto, a sua edificação é parte da luta de classes e, dessa forma, deve ser compreendida como uma tarefa imediata das organizações populares, dos partidos políticos e das demais organizações da sociedade civil. O fundamental é a garantia de condições políticas para que se crie uma correlação de forças favorável a sua implementação e isso só será obra dos trabalhadores organizados, ocupando as ruas, as universidades e todos os demais espaços de mobilização social.

PARA SABER MAIS

- Esse capítulo se beneficiou de uma construção coletiva que envolveu diversos pesquisadores e tem base em trabalhos como *A esquerda deve superar velhas concepções de industrialização e política industrial*, de Marco Antonio Rocha e Pedro Rossi – disponível em: https://pedrorossi.org/a-esquerda-deve-superar-velhas-concepcoes-de-industrializacao-e-politica-industrial/; e o texto de vários autores intitulado *Desenvolvimento social e estrutura produtiva* – disponível em: https://pedrorossi.org/desenvolvimento-social-e-estrutura-produtiva/. Assim como o último capítulo do citado *Economia pós-pandemia*.
- Os trabalhos de Carlos Augosto Grabois Gadelha têm destacado o potencial econômico do setor de saúde, como no artigo "Complexo econômico-industrial da saúde: A base econômica e material do Sistema Único de Saúde", disponível em: https://www.scielo.br/j/csp/a/v5ytyHYJjj3tpZn-9DYFLzWv/.
- Sobre a ideia do mercado de consumo de massa como uma frente de expansão da economia brasileira, ver o artigo de Ricardo Bielschowsky, "Estratégia de desenvolvimento e as três frentes de expansão no Brasil: um desenho conceitual", disponível em: https://www.scielo.br/j/ecos/a/F8mXfg5mk-dfyjw5Y5bLXqxg/?format=pdf&lang=pt.
- A ideia de desenvolvimento guiado por missões é explorada no livro *Missão Economia: Um guia inovador para mudar o capitalismo* (Portfolio-Penguin, 2022), de Mariana Mazzucato.

PARTE 4

MITOS ECONÔMICOS E O DEBATE BRASILEIRO

MITOLOGIA FISCAL E A RETÓRICA DA AUSTERIDADE

Austeridade não é um termo de origem econômica, a palavra tem origens na filosofia moral e aparece no vocabulário econômico como um neologismo que se apropria da carga moral do termo, especialmente para exaltar o comportamento associado ao rigor, à disciplina, aos sacrifícios, à parcimônia, à prudência, à sobriedade e reprimir comportamentos dispendiosos, insaciáveis, pródigos, perdulários.

O discurso da austeridade fiscal carrega essa carga moral e tenta transpor as supostas virtudes do indivíduo para o plano público, personificando, atribuindo características humanas ao governo. Ao fazer isso, falsifica a realidade e distorce as funções do Estado, buscando reduzir as suas responsabilidades sociais. Este capítulo busca mostrar e desmontar os mitos e dogmas que fundamentam esse discurso.

MITO DO ORÇAMENTO DOMÉSTICO

Na retórica da austeridade é muito comum a comparação do orçamento público com o orçamento doméstico. Assim como uma família, o governo não deve gastar mais do que ganha. Logo, diante de uma crise e de um aumento das dívidas, deve-se passar por sacrifícios e por um esforço de poupança. No caso brasileiro, é comum a análise

de que os excessos, por exemplo excessos de gastos sociais, de aumento de salário mínimo, de intervencionismo estatal etc. – estão cobrando os sacrifícios necessários. Como na fábula da cigarra e da formiga, os excessos serão punidos e os sacrifícios, recompensados. Nesse sentido, há um argumento moral de que os anos de excessos devem ser remediados com abstinência e sacrifícios e a austeridade é o remédio.

No entanto, essa comparação entre o orçamento público e o familiar não é apenas parcial e simplificadora, mas essencialmente equivocada. Isso porque desconsidera três fatores essenciais.

O primeiro é que o governo, diferentemente das famílias, tem a capacidade de definir o seu orçamento. A arrecadação de impostos decorre de uma decisão política e está ao alcance do governo, por exemplo, tributar pessoas ricas ou importações de bens de luxo, para não fechar hospitais. Ou seja, enquanto uma família não pode definir o quanto ganha, o orçamento público decorre de uma decisão coletiva sobre quem paga e quem recebe, quanto paga e quanto recebe.

O segundo fator que diferencia o governo das famílias é que, quando o governo gasta, parte dessa renda retorna sob a forma de impostos. Assim, quando políticas de estímulo aceleram o crescimento econômico, o governo está aumentando também sua receita. E o gasto público em momentos de crise econômica, principalmente com alto desemprego e elevada capacidade produtiva ociosa, reduz o desemprego e gera crescimento.

Por fim, o terceiro fator não é menos importante: as famílias não emitem moeda, não têm capacidade de emitir títulos em sua própria moeda e não definem a taxa de juros das dívidas que pagam. Já o governo faz tudo isso.

O gasto do governo é renda do setor privado, ao gastar, o governo aumenta a renda do setor privado e realoca recursos. Ao se endividar, o governo pega dinheiro de quem tem riqueza sobrando e entrega um papel de dívida. Quando a economia opera abaixo de sua capacidade, com desemprego, o gasto público pode melhorar a eficiência do sistema e aumentar os recursos do conjunto da sociedade. O desemprego é um desperdício de recursos sociais, além da violação do direito humano ao trabalho e de um fator de agravamento das desigualdades sociais preexistentes. Se o mercado não garante o emprego, o Estado deve garantir a expansão por meio da política fiscal.

Portanto, a metáfora que compara o orçamento público ao familiar é dissimulada e desvirtua as responsabilidades que a política fiscal tem na economia em suas tarefas de induzir o crescimento e amortecer os impactos de crises e dos ciclos econômicos na vida das pessoas.

3 DIFERENÇAS ENTRE AS FINANÇAS PESSOAIS E AS FINANÇAS PÚBLICAS

Portanto, a metáfora que compara os orçamentos público e familiar é dissimulada, simplifica o fundamento da economia e desvirtua as responsabilidades que a política fiscal tem na economia, em suas tarefas de induzir o crescimento e amortecer os impactos dos ciclos econômicos na vida das pessoas. A administração do orçamento do governo não somente não deve seguir a lógica do orçamento doméstico, mas deve seguir a lógica oposta. Quando as famílias e empresas contraem o gasto, o governo deve ampliar o gasto de forma a contrapor o efeito contracionista do setor privado. Até porque se ninguém, gasta ninguém recebe. O gasto de um é o ganho de outro.

A FADA DA CONFIANÇA E OUTROS MITOS

Além da metáfora do orçamento doméstico, há outra muito presente no debate fiscal que é o chamado "mito da fada da confiança" que quando o governo corta gastos, a confiança melhora e o crescimento aumenta. A austeridade é o instrumento e a solução para restaurar a confiança do mercado, o que, por sua vez, seria causadora do crescimento econômico. Na retórica austera, a busca pela confiança do mercado é muito presente tanto no exterior como no Brasil; são inúmeros os exemplos em que a equipe econômica evoca esse tema como justificativa para cortes de gastos.

A crença de que a austeridade gera confiança é baseada em uma fantasia onde se acredita que, por um lado, os governos são reféns de "vigilantes invisíveis da dívida" que punem pelo mau comportamento e, por outro lado, existe uma "fada da confiança" que recompensará o bom comportamento. No entanto, a confiança não é causa, mas acompanha o desempenho econômico e a austeridade não aumenta, mas diminui a confiança quando se reduz o crescimento.

Ou seja, um ajuste fiscal não necessariamente melhora a confiança; um empresário não investe porque o governo fez ajuste fiscal,

e sim quando há demanda por seus produtos e perspectivas de lucro. E, nesse ponto, a redução do gasto público em momentos de crise não aumenta a demanda. Ao contrário, reduz a demanda no sistema. Em uma grave crise econômica, quando todos os elementos da demanda privada (o consumo das famílias, o investimento e a demanda externa) estão desacelerando, se o governo contrair a demanda pública, a crise se agrava. Se os gastos públicos são a receita do setor privado, a austeridade contribui para a economia desacelerar e, portanto, para haver menos consumo e investimento. No entanto, o debate brasileiro é permeado pela ideia de que a austeridade fiscal vai aumentar o crescimento.

QUEM GANHA COM A AUSTERIDADE?

Após toda essa desconstrução de mitos que apresentamos acima, o leitor poderia pensar que um bom e qualificado debate poderia ser suficiente para rejeitar a ideia da austeridade. E de fato, a austeridade é um culto em decadência e a pesquisa que a dava suporte foi desacreditada.

Mesmo instituições conservadoras como o FMI reconhecem o estrago que os cortes de gastos podem fazer em uma economia frágil. A austeridade é, portanto, uma ideia equivocada do ponto de vista social e contraproducente do ponto de vista do crescimento econômico e do equilíbrio fiscal.

No entanto, a opção pela austeridade mascara algo que está na sua essência e que a aparência fenomênica esconde: alguém ganha com a austeridade. Essa não é irracional, mas a simples imposição dos interesses de classe dos capitalistas. Trata-se de uma resposta dos governos às demandas do mercado e das elites econômicas à custa de direitos sociais da população e dos acordos democráticos. Os capitalistas, por sua vez, se beneficiam das políticas de austeridade.

Em primeiro lugar, contenção e cortes nos gastos públicos quando a economia está aquecida tem a finalidade de gerar um nível de contração e, com isso, aumentar o desemprego. Nesse caso, um nível um pouco elevado de desemprego é muito funcional aos donos do capital, uma vez que mais pessoas procurando trabalho exerce uma pressão baixista sobre os salários, fazendo a estrutura média salarial se contrair. Dessa forma, pagando menores salários se amplia a taxa de lucro dos empresários.

O desemprego e, sobretudo, o medo do desemprego também enfraquecem a atuação dos movimentos sindicais, fragilizando seu poder de barganha. Normalmente em períodos de desemprego mais elevado, as greves e paralisações diminuem e seu conteúdo passa a ser defensivo, para evitar perder direitos ou cobrar salários atrasados, enquanto em momentos de desemprego baixos as reivindicações têm natureza mais propositiva, avançando sobre os acordos coletivos não somente para galgar aumento na remuneração mas para a conquista de novos direitos.

Em segundo lugar, na medida em que comprime gastos, a austeridade contribuiu para o subfinanciamento de setores importantes, tais como saúde e educação. Quanto mais subfinanciados mais sucateados ficam esses serviços, abrindo margem, inclusive, para que haja aceitação pública para a sua privatização, na medida em que se legitima o argumento da ineficiência dos equipamentos públicos.

Quando o Estado tem um sistema público e universal de saúde, o setor privado fica com um espaço reduzido para lucrar oferecendo saúde privada. Já quando cai a qualidade da saúde pública, há mais espaço para venda de planos e serviços privados de saúde. Onde não há previdência pública, os bancos têm mais espaço para vender planos de previdência privada. O mesmo vale para a educação e outras áreas sociais, nesse sentido, o governo é concorrente do setor privado na oferta de serviços sociais. Portanto, a asfixia do financiamento via austeridade fiscal responde aos interesses grandes de grandes empresas, grandes grupos econômicos e grandes bancos em torno de um projeto de austeridade, ou seja, de redução do tamanho do Estado nas suas funções sociais. Esse processo também transforma direitos sociais em mercadorias. Por fim, o corte de gastos e a redução das obrigações sociais também abre espaço para futuros cortes de impostos das empresas e das elites econômicas.

PARA SABER MAIS

- O livro *Austeridade, a história de uma ideia perigosa* (Autonomia Literária, 2018), de Mark Blyth, é uma referência incontornável sobre o tema.
- Stuckler e Basu analisam o impacto da austeridade fiscal na saúde das pessoas a partir de análises históricas de diversos países, o título é sugestivo: *Economia desumana – porque mata a austeridade* (Bizâncio, 2014).

- O primeiro capítulo do citado *Economia para poucos*, discute o conceito de austeridade, os mitos por trás da ideia e a evolução do debate econômico sobre o tema. Outros capítulos deste livro abordam o impacto da austeridade em diversas áreas sociais no Brasil.
- Da mesma forma, o citado *Economia pós-pandemia* aborda a relação entre os cortes de gastos no Brasil e educação, saúde, meio ambiente, gênero, raça etc. e o capítulo 2 do mesmo livro discute mitos fiscais e dívida pública.
- O livro de Peter H. Lindert, *Growing Public: Volume 1, The Story: Social Spending and Economic Growth since the Eighteenth Century* (Cambridge University Press, 2004), desmonta a ideia de que gasto público reduz o crescimento e traz farta evidência estatística e uma análise histórica minuciosa sobre o gasto social que, ao contrário da intuição de alguns economistas, pode trazer estímulos ao crescimento econômico.

EXCESSO DE GASTOS E O PAÍS QUEBRADO:

Mitos sobre os governos do PT

Os mitos da austeridade, tratados no capítulo anterior, sustentam uma visão equivocada sobre a economia brasileira e sobre a gestão econômica dos governos do PT. Esses mitos se misturam com narrativas econômicas para, no debate público, legitimar as reformas neoliberais dos governos Michel Temer e Jair Bolsonaro. Por exemplo, a ideia de que o PT quebrou o Brasil, de que houve um aumento acelerado dos gastos públicos e de que a crise econômica de 2015-2016 é culpa de uma nova matriz econômica. Este capítulo continua no plano dos mitos, desta vez aplicado à interpretação da trajetória econômica brasileira e aos instrumentos ideológicos utilizados no nosso debate público.

O PT QUEBROU O BRASIL?

Para início de conversa, vale problematizar a premissa em questão: afinal, o Brasil está ou esteve quebrado? O que significa um país "quebrar"? Uma pessoa física ou uma empresa quebra quando não dispõe de recursos para arcar com as suas despesas ou honrar seus compromissos financeiros já firmados, o mesmo ocorre com um país.

O Brasil quebrou na década de 1980 quando o país devia em dólares, moeda que não emitimos e não tínhamos dólares suficientes para pagar nossa dívida externa. Naquela época, pedimos moratória para postergar o pagamento da dívida externa. Além disso, organizamos nossa economia para conseguir mais dólares e pagar essa dívida. Na década de 1990, sob o governo FHC também tínhamos dificuldade de pagar a dívida externa, tanto que o governo pediu três empréstimos ao FMI. Em troca, aceitamos as condicionalidades da instituição em termos de agenda de reformas.

No entanto, no governo Lula liquidamos nossa dívida externa com o FMI e nos tornamos credores da instituição, ou seja, passamos a contribuir para empréstimos a países em dificuldade. Mesmo em meio à grave crise econômica de 2015 e 2016, em nenhum momento houve necessidade de pedir ajuda do FMI, diferentemente de outras crises brasileiras. Essa não foi uma crise fiscal, tampouco uma crise externa.

O Brasil não quebrou e nem vai quebrar. A nossa dívida pública é em moeda nacional, o governo brasileiro não deve em dólar, logo não tem dificuldade alguma para pagar essa sua dívida. Aliás, nenhum país quebra com dívidas na sua própria moeda.

Além disso, a ideia de que o PT quebrou o Brasil não tem amparo nos dados e esbarra no fato de que a dívida pública caiu de em torno de 75% do PIB quando Lula assumiu, para em torno de 60% ao final do primeiro governo Dilma. E a dívida líquida, que desconta os ativos do governo, foi de 60% do PIB para 30% no mesmo período. A partir de 2015, a dívida pública volta a subir, não por aumento dos gastos públicos, mas porque o crescimento econômico cai, em um ambiente de austeridade fiscal e reformas neoliberais.

Portanto, a ideia de que o Brasil quebrou é falsa e serve apenas para sustentar uma retórica conservadora em favor do corte de gastos sociais e da redução da atuação do Estado na economia.

MITO DO EXCESSO DE GASTOS E A NOVA MATRIZ MACRO

Na sua essência, a narrativa difundida pela grande mídia sobre a crise brasileira de 2015-2016 se assemelha à fábula da cigarra e da formiga. Como a cigarra, a economia brasileira teria vivido de excessos cujas consequências foram os anos de privação. E, como ensina a formiga, o caminho a seguir é o da abstinência e dos sacrifícios.

Esses excessos apontados na narrativa têm várias faces, todas essas ligadas ao papel do Estado na economia: excesso de gastos sociais, de aumento de salário mínimo, a expansão excessiva dos salários acima da produtividade, excesso do uso dos bancos públicos e das estatais, de flexibilização excessiva da política macroeconômica etc.

A ênfase na questão fiscal aparece em argumentos falsos, como o que sustenta que "acabou o dinheiro" e nas frequentes comparações do orçamento do governo com o orçamento de uma família. Defende-se que o PT quebrou o Brasil, ou ainda, que a suposta gastança aumentou a dívida pública e a tornou insustentável, e isso gerou uma crise de confiança que atingiu o investimento, o consumo e o crescimento econômico.

O argumento do descontrole ou da aceleração do gasto público também não dialoga com a verdade. A taxa de crescimento real das despesas primárias do governo federal desacelerou de 5,2% ao ano no período de 2003 a 2010 para 3,5% no período de 2011 a 2014. Ou seja, no governo Dilma o gasto público não acelerou, mas desacelerou.

No entanto, a piora no resultado fiscal em 2014 foi usada como sustentação para essa narrativa, a despeito dessa piora não decorrer da aceleração dos gastos, mas da desaceleração do crescimento e das políticas de desoneração, discutidas na Parte 3 deste livro. Colocando em perspectiva histórica, em 2014 o déficit fiscal primário de 0,6% do PIB, de fato, foi o primeiro de 12 anos dos governos do PT, algo que não ocorria desde 1997 no governo Fernando Henrique. No entanto, esse resultado foi melhor do que as médias dos déficits primários no governo Temer e no governo Bolsonaro, antes do impacto da pandemia.

No debate econômico, a narrativa dos excessos se materializa na tese construída de que a Nova Matriz Macroeconômica é responsável pela crise. O termo foi usado pela equipe econômica e pelo próprio ministro Guido Mantega, mas acabou servindo para uma descrição caricatural de um conjunto de políticas econômicas. Nessa narrativa, o tripé macroeconômico (meta fiscal para resultado primário, metas de inflação, câmbio flutuante) teria sido progressivamente destruído desde o segundo governo Lula, em seu lugar, foi instituída uma nova forma de gestão da política econômica, mais intervencionista.

A Nova Matriz Econômica (NME), portanto, aponta a flexibilização da perna fiscal do tripé como responsável pela crise. Além disso, segundo a narrativa, houve um abandono do regime de metas de inflação quando o Banco Central adotou taxas de juros baixas e do regime de câmbio, dada a administração dos fluxos de capital e a intervenção do banco central nos mercados de câmbio. Para alguns autores, a administração de preços de combustíveis e energia e a expansão do crédito pelos bancos públicos também compuseram a NME.

Assim a Nova Matriz Econômica virou sinônimo genérico para o intervencionismo do Estado que seria responsável pela crise econômica. Quem emprega o termo geralmente é incapaz de diferenciar entre o conjunto amplo de medidas, aquelas que foram positivas e aquelas que foram, de fato, equivocadas. No lugar disso, o termo virou um espantalho para a crítica dos governos do PT e revela a ideologia neoliberal e os princípios políticos conservadores de quem emprega.

Tão genérica quanto o termo é a relação de causalidade defendida entre a Nova Matriz e a crise econômica. Segundo os defensores da ideia, a NMM interferiu na produtividade do sistema, gerou má alocação de recursos e impactou na confiança dos agentes, o que resultou na crise. A NMM deixou de existir em 2015 mas, de acordo com alguns, seus efeitos deletérios permaneceriam até os dias atuais, sendo também responsável pela estagnação econômica após 2016.

A defesa do diagnóstico da NME, enquanto causadora da crise, tem dois problemas principais. O primeiro decorre do seu caráter generalista. A mistura no mesmo saco de um conjunto muito grande de políticas econômicas, como se todas fossem equivocadas, torna impossível uma análise adequada do impacto dessas políticas sobre o crescimento. Assim, a causalidade é estabelecida na base da ideologia e de forma dedutiva: "o intervencionismo é ruim, logo causou a crise".

Em segundo lugar, a defesa da NME como causa da crise esbarra nos fatos históricos. O crescimento médio no período atribuído à NME

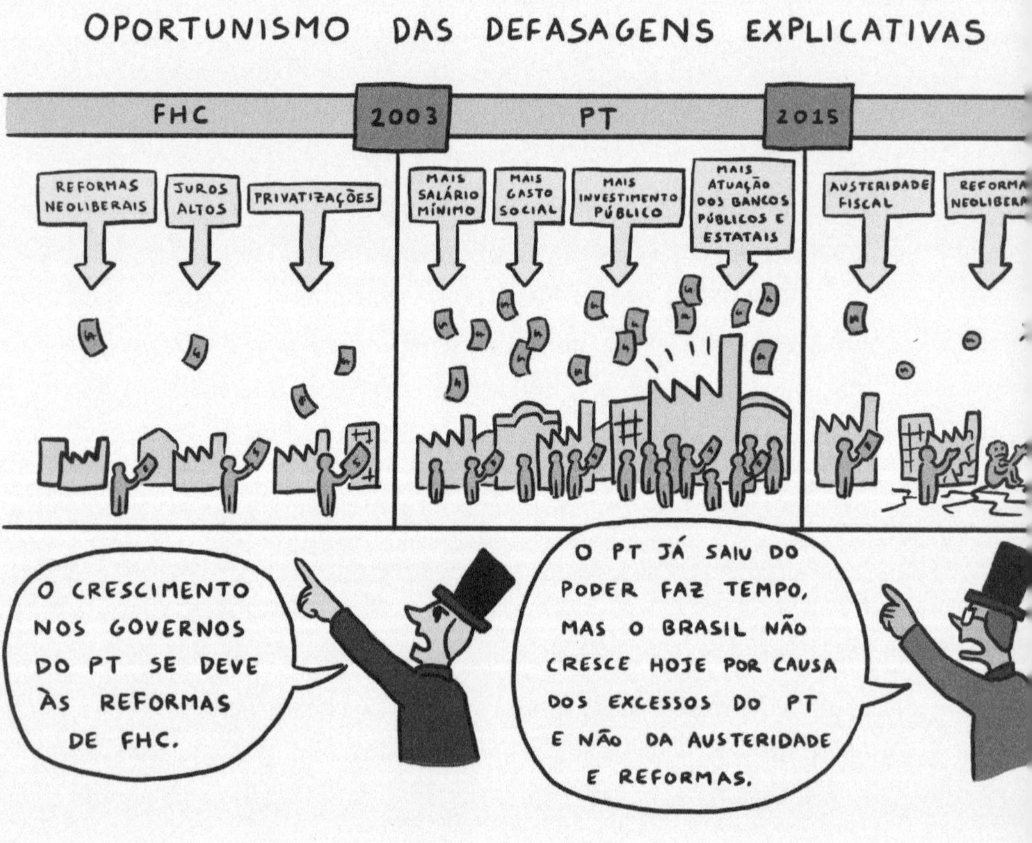

(2009-2014) foi de 2,8%, enquanto o crescimento subsequente (2015-2019) foi de -0,5%. Assim, o argumento deve necessariamente fazer uso de defasagens explicativas, ou seja, atribuir o crescimento baixo do período seguinte às políticas realizadas no período anterior. É evidente que políticas têm efeitos defasados, mas o uso elástico e arbitrário desse fator mostra a falta de coerência.

Anos depois do fim da NME, ainda há gente que atribui o baixo crescimento brasileiro aos governos do PT: é o chamado "oportunismo das defasagens", que atribui a culpa do que acontece hoje às políticas do passado, e conforme o tempo passa, as defasagens explicativas aumentam. E, quando o ciclo de baixo crescimento for revertido, as defasagens mudarão de sentido: a retomada será explicada pelo sucesso tardio da agenda neoliberal, que demorará o quanto for necessário para fazer efeito e certamente explicará a volta do crescimento, assim que ele ocorrer. Um exemplo disso é o pessoal que atribui o sucesso dos governos Lula às reformas do período FHC.

TERRORISMO FISCAL E A AGENDA NEOLIBERAL

O jornalismo econômico dá uma enorme contribuição para disseminação de mitos e para reforçar uma visão ideológica conservadora na economia. Por vezes, a escolha da terminologia denuncia um viés ideológico. Por exemplo, o uso da expressão "rombo das contas públicas" carrega uma conotação negativa e sinaliza implicitamente para uma determinada agenda de cortes de gastos. Por vezes, o déficit público (esse sim, um termo técnico) é resultado de uma ação que tem resultados positivos na economia, como transferências sociais ou investimentos públicos, mas, quando se qualifica esse resultado como um "rombo", se desqualifica o papel do gasto ou do déficit público e se recupera a visão que confunde finanças públicas com finanças pessoais, vista no capítulo anterior.

Da mesma forma, quando se usam adjetivos para qualificar a dívida pública como explosiva, enorme ou insustentável se emite juízo de valor sobre tema. Não há, do ponto de vista técnico, um valor limite no qual a dívida pública se torna insustentável. O Japão, por exemplo, tem dívida pública acima de 200% do PIB e nem por isso se argumenta que a dívida pública japonesa é insustentável ou explosiva. Portanto, o jornalismo econômico brasileiro se habituou a usar uma terminologia que não é neutra, não é técnica, reforça os mitos econômicos e a agenda neoliberal.

Há ainda o chamado terrorismo fiscal: afirmações que buscam criar um clima de medo para coagir a aceitação de uma determinada agenda econômica pela opinião pública. Manchetes com expressões do tipo "o Brasil vai quebrar se não preservar o teto de gastos", "a bomba fiscal precisa ser desarmada" ou ainda, "sem ajuste fiscal, a hiperinflação pode voltar", apesar de totalmente falsas do ponto de vista técnico, tentam interditar o debate com imagens catastrofistas.

O terrorismo fiscal é, portanto, um instrumento ideológico para justificar e legitimar uma agenda de corte de gastos sociais. Essa retórica faz crer que só há uma alternativa e que o desvio do único caminho possível é logo alçado como irresponsabilidade. Dada a sua importância no debate público, o terrorismo fiscal precisa ser combatido e denunciado.

PARA SABER MAIS

- O citado livro *Economia pós-pandemi*a traz um capítulo intitulado "Sobre o diagnóstico falacioso da situação fiscal brasileira", assinado por Esther Dweck, Pedro Rossi e Guilherme Mello. Lá tem dados e gráficos que ilustram muitos argumentos que trouxemos aqui.
- Para uma análise detalhada do gasto público, ver o artigo de Rodrigo Orair e Sérgio Gobetti intitulado "O gasto público e o ciclo da política fiscal – 1999-2014", (*VIII Prêmio SOF de Monografias*. Brasília: Secretaria do Orçamento Federal, 2015).
- O citado livro de Laura Carvalho, *Valsa Brasileira*, traz uma boa análise da chamada Nova Matriz Econômica.

OS MITOS SOBRE A INFLAÇÃO

A inflação é tema recorrente nos noticiários e no centro das preocupações dos brasileiros que assistem à corrosão do seu poder de compra pela alta dos preços. Para controlá-la, o receituário tradicional propõe aumentar a taxa de juros e cortar gastos públicos. A inflação é geralmente tratada como se fosse um problema neutro do ponto de vista distributivo e o seu combate é apontado como técnico, que supostamente beneficia a sociedade em seu conjunto. Nada mais falso.

A inflação é um problema distributivo que afeta indivíduos e classes sociais de forma distinta e o seu combate também não é neutro. Por isso, é necessário analisar o tema para além da superfície, avaliar os impactos da inflação sobre a desigualdade social e identificar quando o discurso do combate à inflação esconde interesses econômicos e de classe.

Este capítulo busca destacar essa dimensão política, frequentemente oculta no debate público brasileiro, ao explorar mitos que ocupam o senso comum. Assim, destaca a natureza do processo inflacionário, o conservadorismo no seu tratamento e o conflito distributivo por detrás da inflação e da política monetária.

O MITO DE QUE A INFLAÇÃO SE RESOLVE COM AUMENTO DOS JUROS E DESACELERAÇÃO ECONÔMICA

A taxa de inflação mede o aumento no nível de preços. Ou seja, é o crescimento dos preços de um conjunto de bens e serviços em um determinado período de tempo. Os índices de inflação contam uma parte da história, mas pouco dizem sobre a variação dos salários, lucros, juros, e outros rendimentos que determinam o ganho ou a perda de poder de compra diante da inflação de trabalhadores e capitalistas. Ou seja, o impacto da inflação na nossa vida depende também de como a nossa remuneração varia e o combate à inflação também afeta essa remuneração.

Os mais pobres são os que têm menos condição de se proteger de processos inflacionários, uma vez que têm menos acesso aos instrumentos financeiros que protegem a renda e a riqueza da inflação. Os trabalhadores, principalmente os informais, dificilmente têm sua remuneração vinculada aos índices inflacionários, diferentemente da remuneração de formas de capital, como os aluguéis pagos aos detentores de imóveis ou o lucro de empresas que atuam em concessões públicas, geralmente indexados contratualmente aos índices de inflação. As exceções importantes são os salários e benefícios vinculados ao salário mínimo que protegem uma parte importante da população das perdas inflacionárias.

Há diferentes caminhos para reduzir a inflação. O caminho ortodoxo é desacelerar a economia por meio de um choque monetário (aumento de juros) e fiscal (corte de gastos), o que reduz demanda por bens e serviços. Esse caminho prejudica principalmente os trabalhadores que saem empobrecidos com a economia estagnada e sem empregos, embora beneficie quem tem riqueza financeira para aplicar nos juros altos.

O aumento de juros além de fragilizar famílias endividadas também tem impactos distributivos via política fiscal, pois aumenta o custo

do carregamento da dívida do governo que transfere para uma parcela mais abastada da população os serviços dessa dívida.

Além disso, esse tipo de política não resolve, por exemplo, a inflação de alimentos. Isso porque a maior parte dos alimentos é pouco afetada pela política monetária uma vez que seu preço pode depender do preço internacional, de fatores climáticos ou de safra. Nesse sentido, diante de uma inflação de alimentos, um aumento de juros pode agravar um problema de segurança alimentar e nutricional ao provocar desemprego e queda da renda sem reduzir substancialmente o problema no preço dos alimentos.

Há outras políticas que auxiliam no combate à inflação, e que também não são neutras do ponto de vista distributivo. Por exemplo, quando a Petrobras não reajusta para cima os preços de combustível, a população tem acesso a combustível mais barato e a inflação fica menos pressionada, ainda que a distribuição de dividendos para acionistas da Petrobras seja prejudicada. Quando não há reajustes no transporte público, grupos econômicos deixam de lucrar, mas trabalhadores comemoram.

Quando o governo lança mão de uma política de controle de preços de alimentos ou de taxação de exportação de *commodities*, esses ficam mais baratos, embora produtores possam sair prejudicados. Portanto, a decisão sobre as formas e os instrumentos de combate à inflação é também uma decisão sobre quem ganha e quem perde, trata-se de uma decisão política com consequências distributivas e não de uma decisão técnica.

Combater a inflação não é uma finalidade em si, mas um meio para garantir bem-estar social e direitos humanos. Para isso, é necessário preservar a moeda e suas funções e o poder de compra da população, especialmente a de mais baixa renda. Portanto, uma política que desacelera a economia pode até reduzir a inflação, mas tem um alto custo social arcado especialmente pelos mais pobres. A inflação é um problema distributivo e combater inflação com desemprego fragiliza os trabalhadores. Existem outras maneiras de combater a inflação, mais justas.

Por fim, para cuidar da inflação não basta o manejo da taxa de juros como ferramenta única, mas é preciso uma "caixa de ferramentas". A inflação tem múltiplas causas e demanda múltiplos instrumentos para o seu combate eficiente e compatível com a busca do pleno emprego e do crescimento. Não se aperta parafuso com martelo, assim como não se deve combater qualquer inflação com juros altos.

O MITO DE QUE O GASTO E DÉFICIT PÚBLICO GERAM INFLAÇÃO

O discurso pró-austeridade recorre frequentemente ao fantasma da inflação para justificar os cortes de gastos públicos. Afirmações como "se romper o teto de gastos podemos voltar à hiperinflação" buscam interditar o debate. Trata-se de terrorismo econômico, discutido no capítulo anterior.

Há dois argumentos comuns que associam o gasto público e a inflação no debate público. O primeiro defende que o aumento dos gastos no Brasil levará a uma explosão da dívida pública que só poderá ser paga por meio de emissão monetária. Esse aumento na quantidade de moeda, por sua vez, resultará em hiperinflação.

Há vários problemas nesse argumento. A começar, pelo fato de que o aumento da dívida pública em relação ao PIB é decorrência de diversos fatores e não apenas das decisões de gasto, como a própria redução do crescimento econômico e a queda da arrecadação pública. Assim, a estabilização da dívida pública pode ser alcançada, não com corte de gastos, mas com a retomada do crescimento e do aumento da arrecadação pública. Além disso, não existe um patamar específico de dívida pública que torne o país incapaz de se financiar com títulos públicos, sendo obrigado a emitir moeda.

O segundo argumento aponta que o déficit público (quando as receitas são menores que as despesas) exerce pressão adicional sobre a demanda por bens e serviços, provocando aumento de preços. O argumento pode ser verdadeiro em casos específicos, mas não pode ser generalizado. Primeiro, porque o déficit público pode ser causado por uma redução da arrecadação que, por vezes, contribui para redução da inflação. Por exemplo, quando se desonera produtos da cesta básica a tendência é de aumento de déficit associado à queda (e não o aumento) dos preços desses produtos, o que ameniza a inflação.

Além disso, o efeito inflacionário de um aumento do gasto público depende do momento do ciclo econômico, em particular da utilização dos fatores de produção de uma economia, trabalho e capital. O tema é complexo mas pode ser pensado de forma intuitiva.

Quando a economia está em pleno emprego e empresas utilizam toda sua capacidade produtiva, um gasto público tende a gerar a inflação, pois aumenta a demanda no momento em que a capacidade de oferta está dada. Por exemplo, quando o governo contrata uma empresa para a construção de uma estrada. Esta, ao operar em plena capacidade, pode deixar de atender projetos do setor privado para atender o setor público e, além disso, pode pedir preços maiores do que de costume, o que gera inflação.

GASTO PÚBLICO, INFLAÇÃO E EMPREGO

No entanto, quando há desemprego e capacidade ociosa nas empresas, esse mesmo gasto não gera inflação, mas emprego e aumento da renda. Daí a importância do uso do gasto público em momentos de crise econômica e desemprego. Portanto, gasto público e déficit público não são necessariamente fontes geradoras de inflação, especialmente em momentos de crise econômica e também é um mito a ideia de que o governo brasileiro só vai conseguir pagar sua dívida com emissão de moeda e inflação.

O MITO DA INFLAÇÃO COMO UM PROBLEMA TÉCNICO, E DA NECESSIDADE DE UM BANCO CENTRAL INDEPENDENTE

A defesa de um banco central autônomo ou independente propõe blindar gestores supostamente técnicos de políticos e eleitores supostamente ignorantes. Com isso, a instituição teria mais credibilidade com os investidores internacionais e nacionais, o que levaria a um melhor controle da inflação e à queda da taxa de juros.

Mas a autonomia aumenta o poder do mercado financeiro sobre o Banco Central e favorece a chamada "porta giratória" que ilustra o movimento de quadros do setor privado para o setor público e vice-versa. Ou seja, o Banco Central nomeia, para seu quadro de diretores, profissionais do mercado financeiro que têm incentivos para favorecer seus antigos (e prováveis futuros) chefes.

A atuação do banco central interfere na própria rentabilidade do mercado financeiro ao atuar sobre variáveis como a inflação, taxas de juros e de câmbio e ao regular as instituições financeiras. Isto é, na hora de escolher quem ganha e perde com o combate à inflação, o Banco Central pode arbitrar em favor das demandas do mercado a despeito das necessidades da população.

De acordo com um estudo publicado no Banco Mundial, um banco central independente tende a aumentar a desigualdade por três motivos. Primeiro porque a instituição pode constranger indiretamente a política fiscal e enfraquecer a capacidade do governo de usar o gasto público como instrumento de redistribuição. Segundo, porque incentiva a desregulamentação financeira, o que gera ganhos para o setor financeiro e bolhas de preços. E, por fim, quando na presença de pressões inflacionárias, faz uso de uma política monetária excessivamente conservadora com aumentos excessivos de juros, o que enfraquece o poder de barganha dos trabalhadores.

Portanto, a inflação não é um problema meramente técnico e um banco central independente tende a favorecer politicamente os interesses do mercado financeiro.

DESMISTIFICAR PARA UMA POLÍTICA MONETÁRIA MAIS JUSTA

Este capítulo teve como objetivo estimular o interesse por um debate dominado por um falso tecnicismo e por uma visão estigmatizada sobre a inflação. Não há um patamar mágico para inflação. Sabe-se que uma inflação muito alta pode desorganizar a economia, favorecer a indexação e comprometer a confiança na moeda. No entanto, uma inflação muito baixa também pode não ser saudável, como mostram processos históricos de deflação que desestruturam a economia e geram recessão e desemprego.

No Brasil, a inflação é muito suscetível aos choques de preços de *commodities*, à volatilidade da taxa de câmbio e à indexação de contratos. Sem resolver esses problemas, dificilmente teremos uma inflação baixa como aquela apresentada em países centrais. Apesar disso, o Banco Central brasileiro por vezes persegue metas de inflação extremamente baixas e irrealistas. A decisão se mostra conservadora e os custos de perseguir uma inflação tão baixa pode ser o desemprego que representa a violação do direito humano ao trabalho, além de um desperdício de recursos produtivos.

Portanto, a inflação é um problema econômico complexo. Não se trata de um inimigo comum que afeta a toda população da mesma forma, mas de uma variável cujas causas e consequências afetam a distribuição de recursos entre classes sociais e setores produtivos. Evitar cair no lugar comum nesse debate é difícil, mas necessário, especialmente quando a obsessão com o combate inflacionário resulta em desemprego, juros altos, menos recursos para a garantia de direitos humanos e empobrecimento da população.

PARA SABER MAIS

- O estudo publicado pelo Banco Mundial citado neste capítulo chama-se *Does central bank independence increase inequality?* e a resposta à pergunta do título é positiva. Disponível em: https://openknowledge.worldbank.org/handle/10986/35069.
- Se interessou pelo tema da inflação? A Gazetinha da Guanabara e o Pedro Rossi trabalharam junto com o Instituto de Estudos Socioeconômicos (Inesc) no *Guia ilustrado de política monetária e direitos humanos*. Ele explica as diferentes causas da inflação e as formas de combater, além do seu impacto nos direitos humanos. O guia está disponível em: https://www.inesc.org.br/wp-content/uploads/2022/06/cartilhaPoliticaMonetariaV12.pdf.

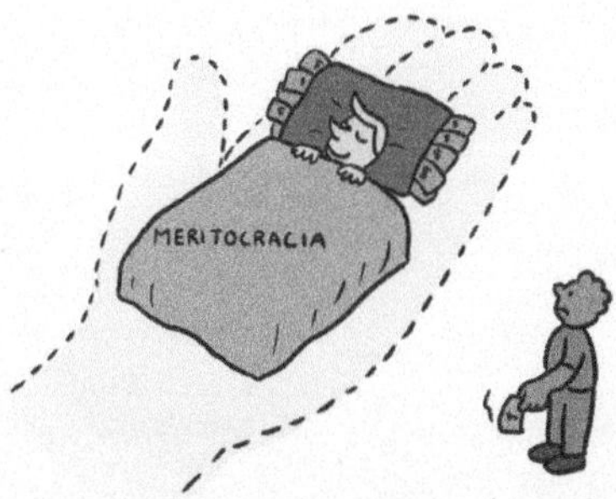

O MITO DA MERITOCRACIA

Toda a sociedade desigual precisa mobilizar instrumentos morais e ideológicos para justificar sua forma de organização e dar sentido à desigualdade. Nos modos de produção precedentes ao capitalismo, como no escravismo ou no feudalismo, argumentos religiosos e aristocráticos buscavam sustentar as mais absurdas desigualdades. Já no capitalismo, a desigualdade se justifica pelo mito da meritocracia.

A ideologia meritocrática propõe um sistema de organização social onde a posição social é resultado do mérito e talento individual e não do privilégio hereditário. Como inscrito na etimologia da palavra é o governo dos melhores. Mas, como veremos neste capítulo, esse sistema não existe, tampouco é possível no capitalismo. A meritocracia é uma farsa usada para naturalizar as desigualdades sociais.

O MITO DO MERCADO COMO UM JUIZ JUSTO

A ideologia meritocrática entende o mercado como uma instituição que dá a cada um o que cada um merece. É como se o mercado fosse um árbitro, justo e imparcial, de um jogo da concorrência entre as pessoas. Nesse jogo, os melhores são premiados e os piores têm o que merecem. Ou seja, os que têm um bom desempenho terão uma renda alta, caso contrário, não serão bem recompensados.

Diferente da desigualdade aristocrática, determinada pela classe social, hereditariedade, a desigualdade meritocrática é supostamente boa pois se baseia no mérito de cada um. Além disso, ao premiar os mais eficientes, o mercado melhora a vida de todos, pois estimula a produtividade do sistema. A meritocracia funcionaria como uma maré que, ao subir, levanta todos os barcos. A desigualdade, portanto, não é um problema, mas um estímulo para o progresso ou um motor do sistema.

Essas ideias estão difundidas nos manuais de economia por meio da economia neoclássica que propõe uma teoria da distribuição da renda na qual, em um sistema de livre mercado, os fatores de produção (capital e trabalho) são remunerados de acordo com a sua contribuição para o bem-estar social. Alguns economistas neoclássicos, como Gregory Mankiw no artigo *Defendendo o 1%*, justificam os supersalários dos banqueiros alegando que a remuneração de mercado reflete a contribuição econômica que esses proporcionam à sociedade.

Como afirma Michael Sandel, é mais reconfortante ser rico sob a ideologia da meritocracia do que sob uma ideologia aristocrática. Na meritocracia, a riqueza é sinônimo de talento e esforço e não de privilégio hereditário. Assim como o sucesso do rico é resultado das suas próprias ações, o fracasso dos pobres é culpa deles. Se é fácil ser rico sob a ideologia meritocrática, ser pobre é carregar a culpa do próprio fracasso.

Enquanto isso, uma "retórica da ascensão" tenta convencer a todos que é possível chegar lá, basta querer e se esforçar. O empreendedorismo é estimulado como o caminho para o sucesso com base na iniciativa individual. Casos de pessoas que saíram da pobreza à riqueza com base no mérito são explorados pela mídia e usados como exemplo de mobilidade social, mesmo sendo extremamente raros.

Nessa perspectiva, ninguém precisa se responsabilizar pela sorte dos outros indivíduos, tampouco pela pobreza. A pobreza é indesejável, mas não é uma injustiça. Trata-se de uma visão que faz os mais ricos dormirem tranquilos e os mais pobres se conformarem com sua situação.

Notem que a meritocracia corrói a solidariedade enquanto valor compartilhado e promove o individualismo. Cada um é responsável por sua própria sorte e não pelo bem-estar coletivo. Além disso, promove uma sociedade de ganhadores e perdedores, a arrogância e o preconceito dos mais ricos e o ressentimento dos mais pobres.

No plano político, o governo deve interferir o mínimo possível na distribuição de recursos determinada pelo mercado para não reduzir a eficiência do sistema e atrapalhar o sistema de incentivos do jogo da meritocracia. Essa visão explica a redução de impostos sobre os mais ricos sob a alegação que se estava desestimulando pessoas extremamente produtivas e a redução de transferências para os mais pobres, sob alegação que isso estimula o ócio.

Mas a meritocracia é uma farsa e mesmo se o mercado fosse um juiz justo que dá a cada um o que cada um merece, a meritocracia não seria possível por dois motivos: primeiro, o ponto de partida importa. Ou seja, a própria desigualdade compromete a meritocracia. E, segundo, a própria existência do capital inviabiliza a meritocracia.

CRÍTICA À MERITOCRACIA 1: O PONTO DE PARTIDA IMPORTA

Um dos problemas da ideologia meritocrática é que no jogo da competição o campo não é nivelado para todos e todas. O ponto de partida de cada competidor é um elemento que compromete a ideia de meritocracia uma vez que as pessoas partem de condições sociais distintas e, portanto, vão competir em vantagem/desvantagem.

Uma criança que nasceu em uma família rica, que teve saúde, boa alimentação, acesso à cultura e lazer, uma formação considerada de elite, com acesso a livros, cursos de idioma, viagens para o exterior e possibilidade de dedicação exclusiva aos estudos vai, quando adulta, ter um melhor desempenho no jogo da concorrência. A despeito de qualquer avaliação de mérito, o sucesso da pessoa depende da sorte de ter nascido em uma família rica.

Além disso, no jogo da meritocracia a própria classe social dessa pessoa já é identificada com o sucesso e sua forma de falar, sua aparência, sua cor de pele, já representam uma vantagem que nada tem a ver com o mérito pessoal. De certa forma, o juiz desse jogo carrega os valores – culturais, morais e estéticos – da classe dominante e dá vantagem aqueles que se adequam a esses valores. O mercado, portanto, perpetua privilégios e usa critérios racistas, machistas e elitistas na hora de selecionar os vencedores e perdedores.

Já uma criança que nasce em uma família pobre pode passar por privações desde o berço: problemas de saúde decorrentes de alimentação

inadequada e moradia inadequada; com falta de saneamento, educação de baixa qualidade; problemas familiares decorrente do desemprego e da falta de recursos que atinge os mais pobres; necessidade de trabalhar após a escola, em empregos precários ou no cuidado de irmãos e da casa; falta de tempo livre para estudo; pouco acesso a cultura e lazer; sujeição à discriminação de raça e classe etc. Essa pessoa vai competir no mercado de trabalho e será, provavelmente, julgada com uma perdedora no jogo meritocrático. Portanto, a ideia do mérito individual em uma sociedade desigual serve para ocultar privilégios de classe e a enorme injustiça social existente no capitalismo.

Além disso, enquanto a ideologia da meritocracia opõe um Estado corrupto e ineficiente a um mercado virtuoso, para "nivelar o campo de batalha" é necessário mais Estado e não menos. A criança que nasce na família pobre deveria ter acesso a um sistema de saúde de qualidade; moradia adequada com saneamento básico e segurança; uma educação de primeira qualidade; auxílios financeiros à família para garantir que essa criança tenha tempo livre e não entre no mercado de trabalho de forma precoce; financiamento público da cultura, esporte e lazer etc. Ou seja, a tal da "igualdade de oportunidades" é contraditória com uma ideologia que exalta as virtudes do mercado e limita o papel do Estado.

CRÍTICA À MERITOCRACIA 2: A EXISTÊNCIA DO CAPITAL INVIABILIZA A MERITOCRACIA

Vamos supor que o mercado seja eficiente, tal como na mitologia meritocrática, avalie adequadamente as potencialidades de cada um e sua contribuição para o bem-estar social que dá a cada um o que cada um merece. Nesse, duas pessoas de igual potencial, esforço e mérito são avaliadas e premiadas com o mesmo salário. A primeira é uma economista e a segunda, um *designer*, ambas ganham, digamos, 20 mil reais por mês. Assim, a meritocracia estaria funcionando pois o mercado dá às duas pessoas de igual mérito uma igual remuneração por seu trabalho.

No entanto, a economista tem um capital e o *designer* não tem. Esse capital pode ser, por exemplo, um apartamento. A economista aluga esse apartamento, cobrando 5 mil reais mensais, para um inquilino que, por acaso, pode ser o *designer*. No fim das contas a economista ganha 25 mil reais. São 20 mil reais da renda do trabalho e 5 mil reais como renda do capital. Já o *designer* deve transferir 5 mil reais da sua renda para o economista como um "serviço" do capital. Acabou a meritocracia.

Esse capital não precisa ser um apartamento, podem ser ações de empresas. Neste caso, o beneficiário estaria recebendo dividendos que correspondem à parte do lucro da empresa que, por sua vez, é parte de um componente do preço de bens e serviços que a sociedade paga e consome. Pode ser, também, uma aplicação em títulos públicos que dão direito a uma renda de juros, transferida pelo governo para os detentores da dívida pública.

Notem que uma pessoa pode não trabalhar nada e viver de renda de seu capital, ou pode ter um trabalho de fachada para aparentar sucesso, mas o seu sustento depende de rendas que nada têm a ver com o seu esforço individual. Aqui também não interessa de onde veio o capital, este pode vir de herança familiar, o que evidencia que nem a renda que a pessoa recebe, tampouco o acúmulo do capital, veio do seu próprio esforço pessoal.

O acúmulo de capital também pode decorrer do esforço de trabalho e de poupança. Hoje o sonho de muitos empresários é acumular o suficiente para não precisar mais trabalhar e viver de renda. Mesmo nesse caso, na lógica meritocrática, o justo é a renda que a pessoa recebe enquanto trabalha e não as rendas do capital recebidas por alguém que não trabalha mais e, portanto, não contribui mais para o bem-estar coletivo.

Esse exemplo ilustra como o capital é um instrumento redistributivo e, ao mesmo tempo, de dominação. Os capitalistas, proprietários do capital, se apropriam de uma parcela da renda gerada pelo trabalho dos outros. O capital não cabe na meritocracia, pois o detentor do capital tem direito a uma renda, não por mérito pessoal, mas pelo simples fato de ser proprietário do capital.

Portanto, capitalismo e meritocracia são incompatíveis. A meritocracia só seria possível com uma constante igualdade na distribuição do capital, o que é impossível no capitalismo, por motivos óbvios.

PARA SABER MAIS

- O livro de Michael J. Sandel, *A tirania do mérito* (Civilização Brasileira, 2020), trata de vários aspectos da ideologia meritocrática e como essa é responsável pela crise social e a perda de legitimidade das democracias ocidentais.
- Outro livro sobre o tema é escrito por Daniel Markovits, *A cilada da meritocracia* (Intrínseca, 2021), e mostra como a meritocracia produz uma elite que diz servir ao interesse público, mas que, na verdade, serve a si mesma.
- Para uma visão favorável à meritocracia que a justifica com base na teoria econômica, ler o artigo de Gregory Mankiw, "Defending the one percent" (2013). O texto é teoricamente denso e reafirma o aspecto funcional da desigualdade, o dilema entre eficiência e equidade e a filosofia utilitarista. Disponível em: https://pubs.aeaweb.org/doi/pdfplus/10.1257/jep.27.3.21.

SOBRE OS AUTORES

Juliane Furno é cientista social e graduanda em Ciências Econômicas, mestre e doutora em Desenvolvimento Econômico na Universidade Estadual de Campinas (UNICAMP). Foi assessora sindical da Central Única dos Trabalhadores (CUT), gestora de políticas sociais na prefeitura municipal de São Paulo, gestão de Fernando Haddad (PT) e assessora parlamentar. Atualmente é economista-chefe do Centro de Estudos de Economia (CEE) do Instituto para a Reforma das Relações entre Estado e Empresa (IREE) e recém-concursada para professora do Departamento de Economia da Universidade Estadual do Rio de Janeiro (UERJ).

Pedro Rossi é professor livre-docente do Instituto de Economia da Universidade Estadual de Campinas (UNICAMP) e pesquisador do Centro de Estudos de Conjuntura e Política Econômica (CECON). Formado em Economia na Universidade Federal do Rio de Janeiro (UFRJ), com mestrado e doutorado pela UNICAMP. Foi diretor da Sociedade Brasileira de Economia Política (SEP); foi também diretor do Centro de Estudos de Conjuntura e Política Econômica (CECON) e pesquisador visitante da Unctad/ONU(Genebra/Suíça); professor visitante da Fudan University (Shanghai/China) e pesquisador visitante na University College London. Atua nas áreas de Economia Brasileira, Economia Política, Macroeconomia e Economia Internacional. Sua pesquisa se concentra atualmente nos temas da taxa de câmbio e política cambial e nos impactos da política fiscal nos direitos humanos. Autor do livro *Taxa de Cambio e Política Cambial no Brasil* e coorganizador do livro *Economia pós-pandemia: desmontando os mitos da austeridade fiscal e construindo um novo paradigma econômico*.

A Gazetinha da Guanabara é um canal multimídia que publica materiais sobre economia e política em uma linguagem visual e didática, buscando democratizar uma compreensão crítica e politizada dos conteúdos técnicos que dominam o noticiário. Com uma equipe formada por profissionais do Design, da Economia e da Comunicação, desenvolve materiais didáticos em diferentes plataformas. Entre seus trabalhos mais recentes, destaque para o *Guia ilustrado de inflação, política monetária e direitos humanos* (2022) e o vídeo *O coronavírus e a economia* (2020).